海上絲綢之路基本文獻叢書

# 達衷集

## （鴉片戰爭前中英交涉史料）

許地山 編

文物出版社

**圖書在版編目（CIP）數據**

達衷集 ： 鴉片戰爭前中英交涉史料 / 許地山編 . --
北京 ： 文物出版社， 2022.7
（海上絲綢之路基本文獻叢書）
ISBN 978-7-5010-7610-9

Ⅰ. ①達… Ⅱ. ①許… Ⅲ. ①鴉片戰爭（1840～1842）－史料 Ⅳ. ①K253.06

中國版本圖書館 CIP 數據核字 (2022) 第 086697 號

**海上絲綢之路基本文獻叢書**
達衷集（鴉片戰爭前中英交涉史料）

---

編　　者：許地山
策　　劃：盛世博閱（北京）文化有限責任公司

封面設計：鞏榮彪
責任編輯：劉永海
責任印製：張道奇

出版發行：文物出版社
社　　址：北京市東城區東直門內北小街 2 號樓
郵　　編：100007
網　　址：http://www.wenwu.com
經　　銷：新華書店
印　　刷：北京旺都印務有限公司
開　　本：787mm×1092mm　1/16
印　　張：16.875
版　　次：2022 年 7 月第 1 版
印　　次：2022 年 7 月第 1 次印刷
書　　號：ISBN 978-7-5010-7610-9
定　　價：98.00 圓

---

# 總緒

海上絲綢之路，一般意義上是指從秦漢至鴉片戰争前中國與世界進行政治、經濟、文化交流的海上通道，主要分爲經由黄海、東海的海路最終抵達日本列島及朝鮮半島的東海航綫和以徐聞、合浦、廣州、泉州爲起點通往東南亞及印度洋地區的南海航綫。

在中國古代文獻中，最早、最詳細記載『海上絲綢之路』航綫的是東漢班固的《漢書·地理志》，詳細記載了西漢黄門譯長率領應募者入海『齎黄金雜繒而往』之事，書中所出現的地理記載與東南亞地區相關，并與實際的地理狀况基本相符。

東漢後，中國進入魏晋南北朝長達三百多年的分裂割據時期，絲路上的交往也走向低谷。這一時期的絲路交往，以法顯的西行最爲著名。法顯作爲從陸路西行到印度，再由海路回國的第一人，根據親身經歷所寫的《佛國記》（又稱《法顯傳》）一書，詳細介紹了古代中亞和印度、巴基斯坦、斯里蘭卡等地的歷史及風土人情，是瞭解和研究海陸絲綢之路的珍貴歷史資料。

隨着隋唐的統一，中國經濟重心的南移，中國與西方交通以海路爲主，海上絲綢之路進入大發展時期。廣州成爲唐朝最大的海外貿易中心，朝廷設立市舶司，專門管理海外貿易。唐代著名的地理學家賈耽（七三〇～八〇五年）的《皇華四達記》記載了從廣州通往阿拉伯地區的海上交通『廣州通夷道』，詳述了從廣州港出發，經越南、馬來半島、蘇門答臘半島至印度、錫蘭，直至波斯灣沿岸各國的航綫及沿途地區的方位、名稱、島礁、山川、民俗等。譯經大師義净西行求法，將沿途見聞寫成著作《大唐西域求法高僧傳》，詳細記載了海上絲綢之路的發展變化，是我們瞭解絲綢之路不可多得的第一手資料。

宋代的造船技術和航海技術顯著提高，指南針廣泛應用於航海，中國商船的遠航能力大大提升。北宋徐兢的《宣和奉使高麗圖經》詳細記述了船舶製造、海洋地理和往來航綫，是研究宋代海外交通史、中朝友好關係史、中朝經濟文化交流史的重要文獻。南宋趙汝適《諸蕃志》記載，南海有五十三個國家和地區與南宋通商貿易，形成了通往日本、高麗、東南亞、印度、波斯、阿拉伯等地的『海上絲綢之路』。宋代爲了加强商貿往來，於北宋神宗元豐三年（一〇八〇年）頒佈了中國歷史上第一部海洋貿易管理條例《廣州市舶條法》，并稱爲宋代貿易管理的制度範本。

元朝在經濟上採用重商主義政策，鼓勵海外貿易，中國與歐洲的聯繫與交往非常頻繁，其中馬可·波羅、伊本·白圖泰等歐洲旅行家來到中國，留下了大量的旅行記，記録元代海上絲綢之路的盛况。元代的汪大淵兩次出海，撰寫出《島夷志略》一書，記録了二百多個國名和地名，其中不少首次見於中國著録，涉及的地理範圍東至菲律賓群島，西至非洲。這些都反映了元朝時中西經濟文化交流的豐富内容。

明、清政府先後多次實施海禁政策，海上絲綢之路的貿易逐漸衰落。但是從明永樂三年至明宣德八年的二十八年裏，鄭和率船隊七下西洋，先後到達的國家多達三十多個，在進行經貿交流的同時，也極大地促進了中外文化的交流，這些都詳見於《西洋蕃國志》《星槎勝覽》《瀛涯勝覽》等典籍中。

關於海上絲綢之路的文獻記述，除上述官員、學者、求法或傳教高僧以及旅行者的著作外，自《漢書》之後，歷代正史大都列有《地理志》《四夷傳》《西域傳》《外國傳》《蠻夷傳》《屬國傳》等篇章，加上唐宋以來衆多的典制類文獻、地方史志文獻，集中反映了歷代王朝對於周邊部族、政權以及西方世界的認識，都是關於海上絲綢之路的原始史料性文獻。

海上絲綢之路概念的形成，經歷了一個演變的過程。十九世紀七十年代德國地理學家費迪南・馮・李希霍芬（Ferdinad Von Richthofen，一八三三～一九〇五），在其《中國：親身旅行和研究成果》第三卷中首次把輸出中國絲綢的東西陸路稱爲『絲綢之路』。有『歐洲漢學泰斗』之稱的法國漢學家沙畹（Édouard Chavannes，一八六五～一九一八），在其一九〇三年著作的《西突厥史料》中提出『絲路有海陸兩道』，蘊涵了海上絲綢之路最初提法。迄今發現最早正式提出『海上絲綢之路』一詞的是日本考古學家三杉隆敏，他在一九六七年出版《中國瓷器之旅：探索海上的絲綢之路》中首次使用『海上絲綢之路』一詞；一九七九年三杉隆敏又出版了《海上絲綢之路》一書，其立意和出發點局限在東西方之間的陶瓷貿易與交流史。

二十世紀八十年代以來，在海外交通史研究中，『海上絲綢之路』一詞逐漸成爲中外學術界廣泛接受的概念。根據姚楠等人研究，饒宗頤先生是華人中最早提出『海上絲綢之路』的人，他的《海道之絲路與昆侖舶》正式提出『海上絲路』的稱謂。選堂先生評價海上絲綢之路是外交、貿易和文化交流作用的通道。此後，大陸學者馮蔚然在一九七八年編寫的《航運史話》中，使用『海上絲綢之路』一詞，這是迄今學界查到的中國大陸最早使用『海上絲綢之路』的人，更多地限於航海活動領域的考察。一九八〇年北京大學陳炎教授提出『海上絲綢之路』研究，并於一九八一年發表《略論海上絲綢之路》一文。他對海上絲綢之路的理解超越以往，且帶有濃厚的愛國主義思想。陳炎教授之後，從事研究海上絲綢之路的學者越來越多，尤其沿海港口城市向聯合國申請海上絲綢之路非物質文化遺産活動，將海上絲綢之路研究推向新高潮。另外，國家把建設『絲綢之路經濟帶』和『二十一世紀海上絲綢之路』作爲對外發展方針，將這一學術課題提升爲國家願景的高度，使海上絲綢之路形成超越學術進入政經層面的熱潮。

與海上絲綢之路學的萬千氣象相對應，海上絲綢之路文獻的整理工作仍顯滯後，遠遠跟不上突飛猛進的研究進展。二〇一八年厦門大學、中山大學等單位聯合發起『海上絲綢之路文獻集成』專案，尚在醖釀當中。我們不揣淺陋，深入調查，廣泛搜集，將有關海上絲綢之路的原始史料文獻和研究文獻，分爲風俗物産、雜史筆記、海防海事、典章檔案等六個類別，彙編成《海上絲綢之路歷史文化叢書》，於二〇二〇年影印出版。此輯面市以來，深受各大圖書館及相關研究者好評。爲讓更多的讀者親近古籍文獻，我們遴選出前編中的菁華，彙編成《海上絲綢之路基本文獻叢書》，以單行本影印出版，以饗讀者，以期爲讀者展現出一幅幅中外經濟文化交流的精美畫卷，爲海上絲綢之路的研究提供歷史借鑒，爲『二十一世紀海上絲綢之路』倡議構想的實踐做好歷史的詮釋和注脚，從而達到『以史爲鑒』『古爲今用』的目的。

# 凡例

一、本編注重史料的珍稀性，從《海上絲綢之路歷史文化叢書》中遴選出菁華，擬出版百册單行本。

二、本編所選之文獻，其編纂的年代下限至一九四九年。

三、本編排序無嚴格定式，所選之文獻篇幅以二百餘頁爲宜，以便讀者閱讀使用。

四、本編所選文獻，每種前皆注明版本、著者。

五、本編文獻皆爲影印，原始文本掃描之後經過修復處理，仍存原式，少數文獻由於原始底本欠佳，略有模糊之處，不影響閱讀使用。

六、本編原始底本非一時一地之出版物，原書裝幀、開本多有不同，本書彙編之後，統一爲十六開右翻本。

# 目録

# 達衷集（鴉片戰争前中英交涉史料）

# 達衷集（鴉片戰爭前中英交涉史料）

許地山 編

民國二十年商務印書館鉛印本

許地山編

# 達衷集

（鴉片戰爭前中英交涉史料）

商務印書館發行

# 校錄凡例

一、原稿寫錯的字，於錯字下改正用（）號表出。如『十（干），』『總（準），』等。

一、原稿脫字，以〈〉號表出。如『不准江南地方貿易』脫『在』字，作『不准〈在〉江南地方貿易。』如不能補入者，則作〈……〉號。

一、可疑的字，用（？）號表出。

一、脫字或模糊的字，不可增補者用□□號表出。

一、原文重出的字或待塡的字用【】號表出，例如五十頁『因口【內】內多沙』及二十四頁『大英國【某】府【某】縣……』是。

一、原稿頁數於首行第一字上，用數字表出，如**四頁**，**一〇頁**等。

# 弁言

達夷集殘本兩册，現藏英國牛津大學 (Oxford University) 波德利安圖書館 (Bodleian Library)。中華民國十五年春，羅志希先生從巴黎寫信到牛津去，教我用些閒餘的工夫，把藏在圖書館裏重要的中國文件抄錄下來。這書是東印度公司在廣州夷館存放的舊函件及公文底稿，於中英關係的歷史上，可以供給我們許多材料，所以我就用了四個星期的工夫，把他抄下來。

這兩册在目錄上並沒有名字，只作 Ms. Chin. C. 23。我在抄錄的時間，發見了夾在上海事情中有『尺牘類函呈文書達夷集卷中』的標題和目錄，纔知道他的原名。書中頁數殘缺了不少，文字句義也有很多錯漏，若不標點，便很難讀。所以我把他校斷過，把錯漏的字句，依所了解的增補校正一遍。書分三卷，乃因其中有『卷中』字樣，其實只是兩卷，第一卷是胡夏米 (Hugh Hamilton Lindsay) 的貨船安(? Anne

見琉球事情，胡夏米上中山府書）因爲不願意在廣州貿易，把船駛到廈門、福州、寧波、上海、威海衛、朝鮮、及琉球去沿途與各該處的官吏及商人往來的文件；第二卷應從原本卷中的廣州事情，起彙錄乾隆、嘉慶二朝公班衙與廣州督撫關部等交涉的案件。第二卷比較重要，因爲我們從中可以尋出租界、領事裁判權，及外國金融在中國發展的歷程。當時中國官吏的糊塗，每於公文中顯露出來。這本書當與模斯的東印度公司對華貿易編年史（H. B. Morse; The Chronicles of the East India Company trading to China, 1635–1834, 1926, Oxford）參照着讀，因爲裏頭有許多事實，是模斯所未採取的。

中華民國十七年七月，許地山識。

# 尺牘類函呈文書達衷集目錄

卷上

## 卷下

# 尺牘類函呈文書達衷集卷上

二頁

## 廈門事情

〈胡夏米上福建水師提督稟〉

英吉利國客商胡稟

提督福建全省等處地方軍門大人，現在

〈英吉利國的船從傍〉葛剌國來，要行到日本國

〈進口收泊。此英國船所帶進口係羽〉紗、小絨、棉紗、西洋布等

□□□□□□一日，因風不順，在洋面日

卷上　廈門事情　一

□□□□□□□等欠少，故進厦門口，情愿以公價買糧。蓋從遠國來到清國，兩國的人，許久友心和睦，交易有大益。伏望

清國的人以恩管（款）待英吉利國的賓客。爭奈兵船又圍英船，又揭貼憲禁該處人落船。是以

英人俯念因小人妄稱

大人未明白英人和睦的意思，及以　清國的友爲　清國的敵，必須

大人明知英國美名之貴體等意。或遇

清國的許多人到英國之各屬地方，皆准之買賣，安住，如英民一般；故無人敢欺之，害之，未蒙官吏伸其冤也。既然情由如此，何苦

三頁

本誤摟

本誤撥臬之後。

要惹彼此相敵乎？何不彼此力勸自勉，相
爭前進，看誰可出上頭，爲仁慈恩愛之行，作

## 四頁

### 〈中國某官札〉

開行，除飭營多撥官兵在於沿各口岸巡
防外，合併札飭。札到，該遊擊遵照即速帶
同該營李署備候補周巡檢，前赴夷船傳
宣
上諭，使該夷人知悉
天朝國法綦嚴，定例不准拋泊，務於即日開行，
毋得逗留，並不准其私行登岸。倘有在地
小船混攏，立即按名嚴拏解究，毋稍違忽

于（干）咎，凛之。特札。

道光十三年三月。

# 福州事情

〈胡夏米上閩浙總督稟〉

大英國的商胡恭稟

閩浙總督大人，現在英吉利國的船從榜葛剌國來，要行到日本國進口收泊。此英國船所帶進口係西洋布、羽紗、大呢、綿花、時辰表、千里鏡貨等；雖然極妙樣，卻價錢更低，買者可得利。因我英國關盛地出香茶葉，故情願或以銀買之，或以貨貿易之，則華英

六頁

兩國，彼此有益矣。夫英人稟遵
清朝制度，預先應敬稟
大人仍照垂顧，准英商買賣，照例納餉，萬
望姑容。況且
皇上懷柔遠人之至意，並皇恩特應及英人。
蓋　清國與英國良久相友交易，兩國商
人體面妥當相辦。及英國之例應允
清國的人到英國的各地方進口收泊，買賣
不禁。所以我英商恭稟
大人准英船與內地人貿易買賣，則遠商沾感無
盡。恭候示飭遵，爲此稟赴
大人臺前。

## 七頁

大人是聰明智慧，必定細細思想貴省獲大利。

若欠英國的富商帶本地之各貨，以貴省之

物產貿易。察奪施行。

道光十二年三月。

〈胡夏米謝帖〉

英吉利國船主胡夏米多多感謝

總督大人差員送我猪羊各物，今都受了。各人

都歡喜多謝美意。今時我的船要快快

上城。正是

道光十二年三月二十七日。

〈小販上船憑照〉

八頁

外國的商報示
閩安協臺大人准百姓上船買賣物件，此民人
乘機〈……。〉恩（因）恐兵丁催迫，不順
大人的命，則請
大人准許此人來往。落船上山，毫（？）也非瑣屑寃（？）
結。
此憑據。
道光十二年三月二十八日。

〈鄉人密書〉

我此鄉人由古至今未見你外國人物，各人都〈？見〉
到你船上懸有一牌，有濟世醫生，亦有勸賭

## 九頁

文辭。亦有你國論文，詩書，人物，品倖（行，）友愛，仁心，可敬可敬矣。只因言語不同，難以交易。我閩省文員，武弁，兵丁，吏役，心事不端，若在此貿易，可到府　撫臺大人投叩呈辭，出告示與汝交易則可。不然，可往蘇杭二州買賣，又無行主，又無東家。看明，可放火中焚之。

### 〈英商致巡船兵丁書〉

遠客請清國的勇猛虎賁之兵丁等休要凌辱遠客。倘有人來落船要賣糧，乞藥，醫病，切不可禁止。現某人有汙辱舉動，所以遠客戒勇兵丁勿寃結拖累。

此請

〈閩浙總督札〉

兼署閩浙總督部堂魏札

福建鹽法道據福防同知稟稱，有

英國夷船一隻因風飄泊，當經勸諭開行。據

稱載有貨物，求准銷售，以便置茶貨等情。

據此查福省向無夷船銷賣貨物，內地所產

茶葉亦係例禁出洋，該夷人自應凜遵

天朝法度。況所載貨物，應赴何處銷賣，該國王

自有給予印照，亦當按照前赴售賣。既

因遭風飄暫泊，現在風帆已平，應即駕往，

一二頁

不得藉延。合行札飭。札到，該道卽會督標下中軍福防同知馳赴凱切曉諭，速令卽日開行，毋得稍任逗留大干未便。特札。

道光十二年三月二十七日。

## 〈胡夏米上閩浙總督稟〉

英吉利國商胡夏米敬稟

兼署閩浙總督部堂大人，因不明白寫名號，所以前稟書錯了，故抄了先稟奉之。況且據福建鹽法道文書示知我的船進口要買賣貿易，斷非因風飄泊，蓋自遠地方來，出福州口，未買賣，大損蝕本錢。並

## 一二頁

英吉利國的帝君，常令其衆民往通天下買賣貿易，船內亦有印照此法度，所以我到福州，一定要售賣。況英吉利國的帝君准大清國的船赴大英國的各海口買賣。又福建省的船許多隻到我屬國的埠頭賺錢，不例禁。是以我們也照此樣赴福建省要買賣。現在萬望大人准行，惟務事竣完，卽駕往開行。

〈胡夏米勸黃大老爺書〉

英國船主胡夏米勸諫黃大老爺。夫文人必讀習經典，及記得子曰，客入者，每門

一三頁

讓於客；至於寢門，則主請入爲席。若非飮食之客，則希（？虛）席。其敬讓也者，君子之所以相接也。但黃大老爺受了上憲吩咐，疑待遠客，見客餓渴倦，餓不與食，渴不與飮，倦不與寢。且『子曰：人而無信，不知其可也。』但黃大老爺兩樣騙遠客，應承厚待之。又自稱我是閩知縣，我英國人亦敬禮信之教。有人失了交接禮，算他爲無仁無禮；失了應承，算他爲俾（卑）陋之人。如何黃大老爺想以此樣微嫌欺負我英國，傷遠客之心大哉？其錯乎！我們以此樣行爲可笑，獨是害了本國的體面，因爲天下各

一四頁

國皆聞名聲，　大淸國的大官員知禮義，知
仁德；又曉得大淸國爲興旺大國。但天下另
有別興旺之國，夫地之遼闊，權勢之大，兵民
之毫（豪）氣，普天下無出大英國之上者。但其官
員必〈不〉想欺負凌辱別國人，失自國體面。終
者，船主胡夏米以秉公的心訓導黃大老
爺；良藥雖苦，可以愈病；忠言逆耳可以
養心。遐邇純嘏膺福祉。

此實。　弟胡夏米拜

道光十二年三月二十七日。

一五頁

〈英船進口理由四則〉

一者，我們要買糧，惟你禁民人賣之。
二者，我們要買賣貿易你許之了，今你禁商等上船。
三者，你要補我所壞的船，你不補之。
四者，我們奉稟書，你不批回，所以進口。

〈閩安協及南臺海府會銜告示〉

福州南臺海府兼管水利閩課黃
福建閩安協鎮府，帶尋常〈……〉記錄三次，記大功三次，洸〈……〉沿海民人知悉。照得甲板夷船照例不准進口銷賣貨物，恐無知愚民

一六頁

貪圖小利，運茶米接濟夷船，大干禁厲，（厲禁）爲此出示諭，如有不肖奸民駕坐小船攏近夷船，定行嚴拿重究，盡法嚴辦，決不從寬。現在文武兵船在此巡防，爾等各宜凜遵，勿貽後悔。特示。

道光十二年三月二十日。

〈閩縣告示〉

福州府閩縣正堂加五級巳錄十次袁爲嚴禁事。照得現在查有夾板夷船停泊熨斗洋面，當經稟報，並移行各口岸一體防堵趕逐在案。恐有沿海漁民私相勾通，

一七頁

銷賣禁物，除飭差分頭查拿外，合亟嚴行示
禁。爲此示仰沿海漁民人等知悉，毋許私勾出
洋，與該夷船交接，稍買售貨物。但（膽）敢不遵，
查出拿獲定卽從重究辦，決不姑寬。各宜
凜遵。特示。

道光十二年三月二十四日。

〈三山舉人通知書〉

特字通知。有內河水圖送你知道。我前一日
上省探聽，現在　撫臺總（准）羅心塔（羅星塔）地方，
存火炮打汝全船。現在將軍不肯總（准）上本。
本章四月初二日起行，十八天到京都，自（住）四五

天，又十八天，到福州省。皇上本章總（准）船中
貨物，一起賣完。皇上本章不總（准），汝貨不
通賣。四處告示而行百姓無一人敢買我
，意見大船不可入閩安口內。皇上總（准）入，
出不要奉章（慌張）；不總（准）大船不能出來。未（有）翅
難飛，無處成柴米，悔之晚矣。在館頭好，
有錢四處買物，船中賣其賣賣（買）其買。
吃人遠省中，行主大盤寫去，又吃人買
貨，不來可也。
金安。
大英貴國大船主大猾請安。　三山舉人通知。

福州土
是『買』。
〃『的』
〃『差』
『往』

---

一九頁

## 〈私販通知書（一）〉

此幾日官兵各路防守防者有與貴國通商者，拿來一家斬頭。前日一信，不能達上與尊面得知。我今想有一計，可到貴船，故特遣人到貴船相議。我已今（已經）尋有工夫茶幾十擔，俟到二更時，我用小舟攏進到貴國船。將至貴船之時，我人以瓦片打三下爲號。恐我船中民人，水洋不熟識，勞尊商耳邊若聽有瓦片聲三下出，亦可用貴小舟渡過接應爲要。如今有此物貨陸續攏進，勞尊商大座切不可度（踱）出

二〇頁

卷上　福建事情　十九

度（䑸）入只可鎮守江中爲總（准。）餘難盡言。二信看明白了，勞大功（火攻）爲要，切不可失落外人知。是感。達

另有付中上茶樣一包，每擔對換鴉片三個；若銀價，每擔四十員。

尊商臺前。　　四月初五未時早拜。

〈私販通知書（一一）〉

前本月二十六日巳時後到尊商船中，果以我友心相待。繼則請我內房相坐，言語頗投合。後我辭別過船，蒙尊商雅愛，相送十二粒『七星，』貴國人事略說一本，報告

二二頁

或是鴉種。

「調」即遇

二二頁

一紙，貨單一紙，看來眞是仁慈之人耶（也。）那時再能得遇何也即因到　尊商之時，我船被官兵小船留滯，即要獲拿　我船中數十人，幸得我父親與　老爺相好，纔放我回家。不知　尊商可記得我面貌否？我不過頭載繡字緞帽，身穿長毛皮袍又兼寶石緞狐（狐）短褂。此不過平（萍）水相調，勿須多言只論 我本國有上諭發於各處地方，不許我民人攏運水米，鮮食貨物等到　你尊商船中。至於　尊商貨物等類，亦不許攏進我本國。倘察出有此兩事，貿易者一體同罪。現在官兵四路防獲，我各人民曾（莫）敢向前與　尊商交易。我本

一二三頁

國更有奇者，再略略說與　尊商得知。先
問　尊商何不開洋？我前日已對
尊商面說，侯開洋之所，我用小船將茶葉等
物者（借）欠少些，若遲我前日所說口意，以密
行事，至來年之時，先付信與我得知，莫道
此幾萬斤茶葉∧不∨難買，即要幾千萬擔，亦可（何）難之
有哉？今勞　尊商可速開洋，侯我本國官船退
回河內，再來相議。不然，我本國更有奇者，即是與
尊商相敵，餘難盡言。請諸位　尊商自己主
裁，我不過一芬（介）士人，何知內中兵法？我凶耳聞
本國商人屢次大洋破船之難，多蒙　貴國
尊商相救。有此施行仁慈之心，難道我心忍坐

視尊商任官兵作爲？故特遣人付信達
上
尊商臺前。

二四頁

此信不可〈使〉民人得知，官兵鬥曉。看明，勞見
火攻。倘被查出心（身）家身（性）命，俱在於此。

〈漢奸致英船主書〉

近聞寶船至我界口，各處關口防守甚嚴。我
有一言相告，未知聽否？若聽我言，包許進口
賣貨。我代你做了一紙叩稟之字相送，與須
着人用小舟進省，到福省　大將軍麾下投
遞，萬無不准。福省官員，唯將軍最喜英

二五頁

國之船進關，賣貨稅例，乃是將軍收管。你船到了福省，代你作個通事，未知用否？

其（某）叩稟大英國【某】府【某】縣外民【姓名】，【名】，船主【姓名】，夥長【姓名】，梢人【姓名】，等爲懇恩出示，勿禦外商，以通貿易事。切（竊）某雖英國之民，頗知紀律。於舊年【某】月【某】日，向本國【某】關【姓名】官處領出文憑、牌、票存身爲據，以爲過關進口驗貨之需，遂駕舟載貨，駛至福建界口水洋約有七萬里之遙，於三月【某】日，舟至福建界口環海隩邊停泊數日，不敢進口，乃命象胥呈稟牌文，先至五虎分司後往閩安鎮口，懇其傳達於福省　大將軍【某】

二六頁

大人麾下，稟知進口，請驗貨物。詎意
各憲台不察奸否，竟以（爾）出示嚴禁，不許某船入
關。某之進退實有兩難。進則犯令有罪，退則船
上無糧，舉舟之人性命莫保。倘得進口沽貨，外
民戴德無涯。伏望
大將軍【某】大人仁恩廣佈，早開進口之關；清德遍
施，不塞遠商之路。竊思薄來厚往，
天子尚懷柔於遠方，而問禁問俗，外民何敢跋扈
於福界？近聞各處關口徵兵守禦，甚是霜嚴，
若閩主必不許進口，某即歸本國，亦何敢犯
條？但貨無處售，何以歸養父母？本歸烏有，勢
必喪及身家！前聞粵人之言，福建吏民極其

二七頁

卷上 福建事情 二十五

淳厚，柔愛遠客；故不畏風波之險，江舟破浪，
特到福地，要買福產諸物，將貨易貨，有何不
可？且古亦有通功易事，使兩國各便其用，亦
能裕國增輝。故敢冒請
大將軍【某】大人允賜告示，與各鋪行牙主到船
買貨，照件納稅，唯憑額例，不敢越律。某若
漏稅作弊，憑官究辦。至於洋貨等物，不敢
高價重賣，照憑公道。另有貨單開列於
後。特此叩稟

## 二八頁

大將軍【某】大人麾〈下〉電鑑。　【某】俯首待命惶恐百拜。
道光大皇帝十二年四月（某）日。　大英國【姓某名】叩稟。

無處買」
四下書
白」

〈漢奸警告英船主書〉

特字通知汝船中船主鴛記（既）入五虎，不可入閩安鎮口。現鑼身塔（羅星塔）地方有官兵千餘人，〈四〉面伏兵，滅你大鴛大船。汝全船不能保全。我前日在撫臺衙內聞知　兩院上本與
皇上知道。現在本章四十日來〈回〉未可知。不可入閩安，恐九死無生，悔之晚矣。
我祖宗洋船犯風，打汝　貴國，勞汝　貴國補坐（助）送回。我恩情未報汝大恩，
特送上好武彝巖茶一匣，有銀無處買。

〈三山舉人求幫書（一）〉

敬稟者：

大英國胡夏米老爺船主大駕， 寶舟回國，特來送行。前一日，多蒙 老爺雅愛，訂許今日特來求贈書財。我是貧窮舉子，並無一物相送，乃孝子份（奉）母言令〈我〉送行，不是下類之人，可憐無恩可報。但願 老爺順風相送，一路平安。 船主老爺乃是大富大貴之人，亮（量）大如海；我乃貧窮舉子，不能上京求名，望老爺開此大恩德。舉人上京，不比做商，現恭隨四人，有富豪之家上京，使去千餘銀；貧窮之家，多多一（益）善。我舉人中有六載，不能上京；今年 皇上開大典，廣招天下舉子上京求名，

上書接

三〇頁

蒙天庇佑，相逢　貴老爺相送書財，我有日求得一官，做犬馬報你大恩；若不能得官，後世轉世，做犬馬去你　貴國船主家中報恩。老爺行此大德，皇天庇佑平安回國。一言難盡可也。

三山舉人頓首百拜。

大英國胡夏米老爺船主

順風相送，一路平安。

份（奉）母送行，三山舉人百拜。

〈三山舉人求幫書（二）〉

敬稟者：船中各位船主，大英乃是大富大貴之人（大）國，

三一頁

卷上　福建事情　二十九

途衷集

大淸乃貧國，福建是貧省。你國富及千萬之財，船主乃　三十
是富豪之主。可憐福省饑荒兩載，百姓犯殃；現在省
內　巡撫部堂，百姓打去三間有銀無處買米。饑民
奮（奪）食。船主記入福省有何事回去但願你風調雨順，
平安回國。　船主不知我是何人，我今日特來與你
說明。我是　大淸福建貧舉人可情（憐）我是讀書
君子之人，今年　皇上開大典，廣招天下舉子
上京求名，我家貧，無書財，不能上京求名。饑
荒四處，求借無門可入。　皇天庇佑我，偶（遇）你
船主大駕來處。你是富豪之人，我特來求贈，或銀
或貨，多寡求賜贈我上京求此功名，日後若得
一官，我做犬馬，願報大恩。我家中上有老母，下

三二頁

有妻兒。我是文〈人〉不是武人。你行此大恩德，
皇天庇佑，平安回國。特來求贈，切不可誤也。
各位船主頓頭百拜。　三山舉人。

〈閩安左營都司陳顯生致英船主書〉

中華
貴國相距甚遙；四海之中人皆兄弟。
老哥　寶舟一來，實歉地主之誼，焉敢不以
禮相加卽？
寶舟亦是裝載貨物貿易之艘，並非特來此
地，貽害我們功名。然
寶艇未到之先，已奉

三二頁

總督大人檄飭防範。夫防範者，何也？祇恐敝處
百姓漁民一見遠方外來孤單船隻，爭相攏近，
登船窺探；尤慮該百姓等梟心一起，釀事靡
輕。我們地方文武官員甚有干係，不得不如
此。況
貴國體制亦有設立關口，遇有外來船隻，亦不
許輕易而入，必示（須）請示
貴國王定奪。雖天各一方，而法度無二。且以此處
洋面地方，乃是我們管轄。因
寶舟駛到停泊多日，已被我
總督大人其（具）奏
皇上，將我們摘去頂戴。功名富貴，此乃我之名數如

三四頁

三五頁

斯，何敢抱怨？但
老哥不知 寶舟來此，即能礙我的功名，若知
有礙我們功名，即
貴國所載六七十萬貨物統行售賣得去，諒不∧？再∨
來。大抵 貴船夥妄聽人言，駛入此處，以致累及
於我。竊思 老哥還要在此銷售貨物，唯是
敝地∧地∨瘠人貧，又兼年歲饑荒，糊口不足，何能有
此重大銀錢相售得起？際此天晴浪靜，風帆和
平之候，正好駕船放洋之時，若再停留不去，
我們獲罪靡淺。我與 老哥無寃無仇，
老哥於心何恐？（忍）祈為明察如叨 諒情相愛，
務祈作速掛帆開往，俾我們免當重咎。特

此佈達，並請
台安。兼候
閤船均好。不盡罄，
唯昭不宣。

陳顯生。

三六頁

〈胡夏米覆陳顯生書〉

我接
尊書讀之，此內意思，可謂端正豪爽之言。但
書中所說有一毫錯了。英船來此，特爲公平
照例貿易，想福州民人與英國之商彼此受
益，實在不知有礙

貴國文武官員功名。如今　大員既然不准進口，
三日內英船要開行。但我回到本國那時，良久不
忘福州之好友之款待。且希望
大老爺奪駕登臨敝舟，與我敍别，贈我嘉言。不勝
歡欣之至。即此，敬請
台安。
弟胡夏米拜。

# 寧波事情

## 〈胡夏米上寧波府稟〉

英吉利國的船主胡夏米恭稟

寧波大老爺正堂。現在　英吉利商船至此，船上裝載洋布、羽毛、大呢、貨等特意在　貴府銷賣之。蓋康熙年間，我國的船曾到　貴府，買賣不禁。今英吉利人意願復結向來貿易的事，致　貴府的　尊商與遠客彼此獲利矣。萬望應准之。況且貴府的船年年到　大英國屬地方，我國法律，亦准

買賣。據情稟懇　大老爺俯念察奪施行，
則遠客感激無既。
道光十二年　四月　日。

〈汛官通知書〉

敬啓者：
我國設立關隘汛口，定有規例，凡遇各省各邦船
隻到口，必須以禮言阻留停泊，候汛官稟明
大憲批准收口方可進關。如未明批准，一經進關，
我等官兵均有失守懈誤之罪。今
寶舟到此，望祈停泊勿進，候我等稟明
大憲批准，我等接撥　寶舟進關上寧矣。特

三九頁

此告聞。

〈寧波府下鎮海縣札〉

調署浙江寧波府正堂冀札鎮海縣知悉：

本年四月二十五日奉

兼署督憲魏　札開，照得本年三月間，接准

福建水師提督來函，並據各廳營縣稟報，有夷

甲板夷船一隻，在南碇並南邊及外塹大練

各洋面游變，當經本兼署部堂節次通飭

臺內巡洋舟師，並沿海文武防範堵逐，乃該

夷船昨竟漂至閩安協處所屬之五虎洋面

停泊。設管營所司何事？現已會同

四一頁

福建水師提督陳恭摺具
奏將閩安協副將沈鎮邦，閩安左營都司陳顯生，
併摘去頂戴，勒令嚴行驅逐在案。查夷情
狡猾，難保不來此遂竄。除行閩省巡洋各船
師沿海文武實力防堵外，合行嚴札通飭。札
到，即速嚴飭沿海各廳縣營嚴緊探查，加
意防範。該夷船如有竄至，立即跟蹤追逐，不
許片刻停留。並札絕奸民與之勾通接濟，倘
敢稍涉疎懈，定即指名　奏參，決不寬貸。凜
切凜切！因奉此，合行札飭到該縣，即速移
會沿海各營嚴緊探查，加意防範；該夷船如
有竄至，立即跟蹤追逐，不許片刻停留；並杜

絕奸民與之勾通接濟。倘敢稍涉疎懈，定即
指名　奏參決不寬貸凜切特札。
道光十二年四月二十八日。

〈胡夏米上浙江提督禀〉

大英國船主胡夏米敬禀
浙江提督大人。據見招今天上岸，致與　大官員商
量。或我船可進口，照例買賣。但恨未曾謁見
大人，現各廳營縣文武官已將開札，說我船是

〈汛官密書〉

此客人亦不敢來。只可船開官去，客人方能來

四二頁

船。但我們不便叫他來。我　大清國官要遵律例，斷不敢私自准交易，只可你們暗暗交易，文武不知道。意

貴國人實在聰明智慧，仁義道德，君子之人者多，可欣可羨之至！

〈寧紹台道諭胡夏米書〉

欽命浙江分巡寧紹臺（台）海防水利兵備道督理海關稅務，加三級，軍功加一級，紀錄二次，方　諭英吉利國船主胡夏米等知悉。我

天朝撫御四海，威鎮萬方。

大皇帝仁覆無疆，盛德柔遠，容該國商人在廣東貿易

四三頁

卷上　寧波事情　四十一

停泊定於黃埔。該商利便，歷久相安。至浙省寧波並非應泊之所。於乾隆二十二年奏奉
聖旨，行文遍諭各國船商，貿易口岸定在廣東，不得再赴浙港在案。嗣後有英吉利國商人洪任，味啁等間或因風漂收到浙，即經該商貿易，業奉
奏定廣東，斷難在浙成交，明白諭知。而洪任等商遵卽開行赴廣，徑未敢故違禁約也。今爾胡夏米一船，來至鎮海洋面停泊，稟懇貿易，當經
鎮台　提督　前關道　大人愷切曉諭，理應恪守功令，遵循定

〔一〕疑卽(Flint)未詳。

四四頁

章赴粵交易，事竣返棹歸國，何得在此逗遛？殊屬非是！今　本關道回任，合亟諭知。諭到，該商當知我　天朝法律森嚴，守土官惟知奉
大皇帝旨，不能違禁開例。況寧波向無開設洋行商伢，亦不敢擅與交易，倘有奸徒串誘，斷勿輕信其言，致與爾等有損無益。即速聽勸開行，不可再事遲滯。我文武先後婉言開導者，無非仰體
大皇帝懷柔遠人之至意也。此諭。

**四五頁**

道光十二年五月　日。

〈寧紹台道批〉

欽命分巡寧紹臺（台）海防水利兵備道，督理浙

江海關稅務，加三級，軍功加一級，紀錄二次方

批

英吉利船主胡夏米復禀已悉。該商既知寧波不允進口買賣，所論蓋是禮言，應即開船前赴廣東照常貿易，誠爲官商兩便之舉，切勿再延，以後總要恭奉

大皇帝旨意知照爾　英國由國王傳諭爾等商人一體凜遵。不奉

四六頁

旨，萬不能行。所謂順天者昌，逆天者亡，彼此皆不得擅自主張也。

〈胡夏米上寧紹台道書〉

英吉利國船主胡夏米稟，
寧紹臺（台）兵備道大人現在受
，諭令遠客沾感無盡。 諭的禮言，滿心中
意。所以遠客帶回奉我
大英國官員。況且遠客至寧波府城之時，受
正堂大老爺並文武官厚待，是以感激靡涯。我
英國人雖今年不准進口買賣，但仰望明
年至此， 貴國
大皇上准商等照例貿易。那時將見我國的人
甘心凜遵公道的法度，並常守相安焉。
先應驗相約就開行，不應驗相約不開行
而已矣。 胡夏米船主請

**四七頁**

陸老爺遞此字奉
尊武官而讀之。

# 上海事情

〈胡夏米上蘇松太道稟〉

英吉利國船主胡夏米謹稟

蘇松太倉兵備道大人轉報

上憲。現在　大英國船已至此，並進口欲買賣。

船裝載洋布、大呢、羽毛等貨。舊時

大清與　大英國貿易微少；但此百年間增

加十倍，因此兩國彼此獲大益。向來每年小船七八

隻至　貴國，如今每年大船七十八十隻到中

四八頁

國，帶本國的貨物來，買運　貴國的茶葉三千萬斤及湖絲等貨，銀幾百萬圓。又　貴國的船及上海縣的貨船，年年進我　大英國屬地方之埠頭，受好款待。無奈其買賣大爲賺錢。所以我本國之商見此，莫不以爲彼此均有獲利之道理，而希冀貿易於中國北方之埠頭沿利。倘　貴國的商，買我本國的貨，我們買　貴省的茶葉湖絲等貨，則兩下均受益。又加國之餉，增民之生活計。商賈皆欲藏於縣之市，又添兩大國友道結交之義。此是彼此至重之事，是以我恭稟

四九頁

大人俯念以此事情，轉報

上憲；如可始創，貴省與本國生理始雖少微，亟
添甚大，而開大利路於將來矣。稟赴
大人臺前，萬望施行。
道光十二年五月二十二日。

〈蘇松太道批〉

五〇頁

天朝欽命江南蘇松太兵備道監督海關吳
批示，
該夷船人胡夏米等知悉，據稟希冀貿
易，轉報
上憲等情，查該夷船向無在上海貿易
之例，未便違例據情上轉。合行駁飭，原

呈擲還，即速開船，遵照舊例回粵貿易，毋
得遷延自誤。

道光十三年五月二十三日　批示。

〈汎官通知書〉

貴商來南，長途辛苦，已知來意。通商貿易，
即經細稟
客（各）大憲，俟奉有明文，再請
貴舟進口。因口內【內】多沙；恐防阻滯，暫請停
泊口外深水。恭候
各大憲批示。　敬啓。

〈胡夏米上蘇松太道書〉

五一頁

英吉利國船主謹向
蘇松太兵備道大人，現已領文書批回稟書。該文書未有印，未載禮義的話。該稟書爲南京
上憲的轉報，所以待此批向一定必載禮義的話。
蓋其　上憲普天下有仁禮的大聲名，但

## 五二頁

大英國船主回國時，將那文書挙本國的
上憲，據情原呈擲還，惟此凌辱耐不得。因此樣的事情犯觸本國的體面。夫大英國終不是夷國，乃係外國。並普天下其權之威，其地之闊，未有
上之國。終者我們至此，爲立設友交易，致彼此獲利，情願往上海懷報恩的心。且施恩感德，忽略懷恨，爲本國的規矩。原呈已回委員，是謹祈轉

報該呈
兩江總督大人。

〈蘇松太道回書解明稱『夷』之理由〉

中華自上古聖人該書傳世，書內說得明白：
南方謂之蠻，
東方謂之夷，
北方謂之狄，
是南蠻，北狄，東夷，西戎。自古至今，總是照此稱呼。況中華舜與文王都是大聖人，孟子尚說：『舜，東夷之人也；文王西夷之人也。』豈是壞話？是你多疑了。

五三頁

五四頁

〈胡夏米上蘇松太道書〉

大英國船主謹悉知爲夷稱外國的人稱。 大英國民人東夷。一者： 貴國的古人稱朝鮮東夷，夫英吉利民人的本地向 大淸國西方。二者： 大英國的屬地方向 大淸國東西北南。三者： 大淸會典卷十一稱苗、羌、蠻、貊等居在中國與 夷人同樣。四者： 蘇東坡曰『夷狄不可以中國之治治也。譬若禽獸然，求其大治，必至於大亂。先王知其然，是故以不治治之。以不治者，乃所以深治之也。』由此觀之稱夷人者，爲蠻、貊而已矣。倘以 大英國民人爲夷人，正是凌辱本國的體面，觸犯民人，激怒結仇。

〈蘇松太道告示〉

欽命江南分巡蘇松太兵備道，兼管海防水利驛鹽事務，加三級紀錄十次，吳　〈爲〉出示曉諭事。照得本道昨聞浙省洋面有英吉利船在彼遊變情事，並據寧郡赴海關完稅漁船，亦稱有夷船在鎮海招寶山洋面。現在浙省文武委員出洋驅逐，正在查辦間，又

接

蘇松鎮來函，以准浙江定海縣移咨有前項夷船在浙省，咨會一體防範。關鎮軍現已飛飭川

五五頁

五六頁

沙等營各將弁，分別率帶兵船，前往內外洋面各處所分蹤堵截，并飛咨狼山鎮一體轉飭防範等因，查江省洋面與浙毗連，該夷船或因浙省堵截緊嚴，乘風潛駛入江省亦未可定。自應預爲防堵。除令各委員并札沿海等處各府廳縣多帶幹練丁役，馳赴各該海口遍歷巡防，倘探得該夷船有潛駛至江省洋面，會營嚴行驅逐出境，不准稍事逗遛外，合亟出示曉諭。爲此，示仰各該沿海居民船戶人等知悉，如有前項夷船潛駛至境，附近居民人等立卽稟官驅逐，不許與該夷船交易貨物，如敢抗違，定卽查拿嚴懲，斷不姑貸。其各凛遵，毋違，特示。
道光十二年五月二十日。

〈尺牘類函呈文書達衷集卷中目錄〉

尺牘類函呈文書達衷集卷中
目錄全記
上海縣正堂出示諭　上海縣抄奉
大兵備道諭英國商與大人送禮帖
通報　敬報
奏朝鮮　大王　御覽

〈上海縣告示〉

五八頁

特調江蘇松江府上海縣正堂加十級紀錄
十次温　爲出示諭禁事。案奉
巡撫部院梁　憲札內開准　江南提督王　函
開准　蘇松太道札，會接到浙信有夾板一隻，遊
變內洋，誠恐該夷船乘風駛赴江南，似應預爲
防範，一體驅逐出境，毋許駛入，與沿海居民
來往買賣。兵役人等稍敢疎懈，立即嚴辦等
因，到縣，奉此。除移會營汛一體巡防驅逐外，
誠恐該夷船乘潮駛近口岸，合亟出示諭禁。爲
此，示仰闔邑居民鋪戶及船戶人等知悉，如遇該
夷人等登岸，毋許與之往來買賣，倘敢故違，一
經查獲，立即嚴拿治罪，決不寬貸。保甲等如

敢狥庇，亦即一併從嚴究治。各宜凛遵，毋違，特示。

道光十二年五月二十日示。發天后宫前實貼。

五九頁

〈上海縣抄奉松江府告示〉

上海縣抄奉

特授江蘇松江府正堂加十級紀錄十次，沈爲嚴禁商民與夷船人來往交易事。照得英吉利國向例不准〈在〉江南地方貿易。現在有夷船一隻來至江省境界，顯違定例。内地商民，斷不容有偸漏交接情弊。合行出示曉諭。爲此示

## 六〇頁

仰鋪戶居民人等知悉，倘敢私與夷人來往買賣，定即照例治罪，決不寬貸。商民等俱有身家性命，毋得貪圖微利，致干重咎。凜之凜之，毋違。特示。

發天后宮前張掛。

道光十二年六月初五日。

〈蘇松太道諭胡夏米書〉

欽命江南蘇松太兵備道，監督海關吳　諭

英國商人胡夏米等知悉。該商等以孤船來至數萬里之外，經數年之久，其意不過欲通商交易耳。然上海向不准與英國商人交易，乃係

六一頁

天朝制度，內地商民，斷不敢故違禁令。與該商等交易買賣。該商等在此洋面停泊，虛糜盤費，有損無益。本道仰體大皇帝懷柔遠人之意，是以明白曉示，令其及早開行，若藉詞躭延，曠日持久，必致受累更深。該商等係有本經營，自當仍回例准交易之廣東地方消賣，慎〈毋〉自貽後悔。切切，此諭。

道光十二年六月初九日。

〈英船主贈物柬〉

四海之內，各國之人，視送禮有雅誼殷情之美意。大人之厚賜，愈增遠客感佩，恭敬殊媿

六二頁

瓊報，謹奉本地微物，祈
大人俯念笑留，毋遐棄遠客。

〈英商貿易揭帖（一）〉

蓋聞古者，爲市者以其所有，易其所無者，夫遠方之人，聞歸市者弗止，芸者不變。商賈皆欲藏於此市，行旅者皆欲出於此地方之途。我遠方之人，願受一廛，爲此國之客商而已矣。且爲商，則通有無，權貴賤，交易而退。爲人買賣，各得其所，務體公平，不諂欺詐。你商等休要疑惑（？惑）澆漓，共歸辰（？）厚，則循於禮者無悖行，敦於讓者無競心。蕩然有恩，秩然有義焉。商賈不失，又為敦樸，又利許多錢。我們要賣羽紗、小絨、綿紗、西洋布，及以銀錢貿易。請尊商都落船觀看。船載的雜貨物，因鮮食物盡，諸人有雞、鴨、猪、羊、牛等蔬菜，各色菓子，莫不（？）必來，有得賺，好公平價。

此實　　通報。

---

**六三頁**

〈英商貿易揭帖（二）〉

我遠商來到此處，帶有本國之貨物，欲做買賣而已。故四方君子不必懷疑心，乃彼此以友心相待，則可使兩均受益矣。

我船，載有羽紗、小絨、棉紗、西洋布等貨，請

六四頁

尊商想買者到船來後，倘貨合用，則可以銀公平交易。

終者，因在洋面日久，船上鮮食欠少，故請賣雞、鴨、猪、羊、牛與各色魚蟹及蔬菜各樣菓者，帶來到船，而遠商即要以禮待其人，以好價買其物，斷不肯反口。此敬告　四方君子。

# 威海衛事情

## 〈新建環翠樓記〉

威海西城之岡，有數【?山】曰環翠，以滄海山水之勝且（甲）天下，山光水色崢嶸於前，而我朝來恃此為邊徼。

六五頁

成祖皇帝永樂間，德修守備，倭夷不敢覬覦，有此備也。歷世百餘年，城池到（倒）塌，兵攻（政）廢弛，因循弗理，

欽差巡察海道憲副趙公鶴齡至，四顧歎曰：『城池倒塌如是，不重治之，後必有大患』，乃懲飭

六六頁

之以憲度，振肅之以綱紀。凡附近此縣人夫數千名，支給泰山香錢數百兩，多（？）設法將威海等衛雄岠百三四處，赤山等巡司二十處，鳳凰山等墩，龍虎山等堡四百餘處，甲冑矛戈之屬，政令乖戾之類，一旦煥然一新。東海之人傾心向化，倭寇之輩聞風遠遁，軍民安堵，皆公餘澤所及。文登營把總指揮王愷等感公之德，捐俸建樓，以示永久；因稟命

欽差總督倭都閫姚公昇。公曰：『事貴適宜，奚爲不可？』於是不遠千里，文于刻不朽（？刻文于石以垂不朽）吁，近海之郡凡幾，濱海之邑凡幾，自唐宋以來，民之至

而土著者日益繁。元末苦於攻戰，過者蕭條，
聖天子深仁厚德，被乎東夷，若易而不難也。大
抵繫乎人而已。且時之不可爲者，春秋刺之；
不當爲者，如春秋書『新建南門』是也。今修
造既得其時，又出政之所關，是豈可而不書耶？
故予綠（錄？）請而記此，使後來得所考。大明弘治二
年，歲次己酉十月上澣吉旦，光祿大夫柱國
太子太保戶部尚書，兼謹身殿大學士知制誥
兼　經筵官，兼修
國史玉牒，致仕，青齊甄翊撰，
提調倭官文登營把總捕倭威海衞指揮
兼事王愷立石，監生王悅書。

## 六七頁

六八頁 担 坦

# 朝鮮事情

〈胡夏米上朝鮮王奏章〉

大英國船主胡夏米謹奏上
朝鮮國千歲爺階下。照得
英吉利國商船一隻，當經至　貴國，停泊
海濱。夫此船從　大英國屬國忻都斯担來，
且此地方毗連交界　大清國西南方；船上
裝載洋布、羽毛、大呢、時辰表等貨，意欲售
賣，或以　貴國之貨貿易之，及照例納餉。

六九頁

貴國與　大英國雖相距甚遙八萬里，卻四
海之內皆兄弟。且本國之
帝君賜百姓與通天下之民人貿易，並諭下以
忠信禮義，公道待其遠國的民人，致加遠國
之雅誼殷情，又添增貿易之利益無已矣。向
來本國之商船，未曾至　貴國買賣，倘
千歲爺階下睿智敏慧，垂念加　貴國的稅餉，
令百姓隆盛興旺等因，眞可留心俯念，爲
此萬一加增百姓旺相，若與遠客貿易買
賣。是以乞
千歲爺諭下賜施行。伏祈發示
旨意，致遠客恭奏本國之

七〇頁

帝君。合併包函 大英國人事略論雖因
大清國人等纂輯，即悉知本國之事情，此小書
與家訓之五本，包本國的道理。萬望
千歲爺階下察奪之。遠客聊獻薄物，並包單，爲
本國貨之樣子。恭祈毋遐棄。祝
千歲爺福壽無疆，並願闔國安寧不盡罄。
救世主耶穌降生後一千八百三十二年六月二十日。

〈胡夏米與朝鮮官員書〉

挂口奏摺
御覽。『子曰：有朋自遠方來，不亦樂乎？』夫遠客自遠方
來，不亦悅乎？且帶文書禮物，不亦敬乎？

大英國公人到　貴國界之時，長山地方問禁，
惟遇着百姓而已矣。不逢　貴國之官員，不敢
逗遛，只得掛帆開往鹿島。當是之時，被此地
方　尊官員招進安港口，以文書禮物奉

七一頁

鎮海民官李老爺，　鎮海邊金大人；
洪州牧使李大老爺三位，
謹祈以此物件轉奏
貴國大王千歲爺，及因在洋面良久，食物欠少，遠客
乞送食物膳羞。即是都所大官員應承，決不
食言。數日之後，　委員仰遠客悉知，已獻文書禮
物上　貴國之京都。蓋探討食物之單，約束據

七二頁

單拿之來，遠客何敢懷疑惑乎？惜哉，缺乏糧之時，

只給薄切之樣，何以可慰渴懷？每日只說安侯批回，令遠客無奈何，常時　委員來察奪船之事。論本國之政，皆所遠客明示，直達　御前，除非崔大人因看輕　大英國公人，抱驕志，尊委員皆敬恭遠客，但折衝將軍金，爲睿智可頌，爲尊嚴可仰，且　通政大夫行端山郡細細查及，退令我們安心侯批回。後來　正憲大夫吳奉布政司之命，至此達示：

一則朝鮮國服事　大清國，只遵　大清國的旨。

七三頁

二則國法不准與外國的人，另外　大清國，交易等因。　大英國之事無例，官員不敢轉奏貴國大王爺。

一則，遠載（哉）其錯乎！謂朝鮮國服事 大淸國，以本國爲外國之僕奴眞是淩辱 貴國之體面。 貴國之大官員，必留心凜守 貴國之體面，斷非使 大英國官員輕忽之。夫此樣話是謊謬。蓋 貴國有本法律本主宰，非奉事外國之君帝，非凜遵外國之旨意。照 貴國之版圖，據大淸會典，朝鮮係進貢的國而已矣。夫大英國與安南國並與暹羅國彼此進貢的國交易，何妨與 朝鮮國交易耶？

二則，大英國公人向來明知爲 貴國之法禁與外國人交易，惟與日本國與滿洲地方，兩係外

七四頁

## 七五頁

國貿易何妨耶？但大官員不敢轉奏，莫若往
京都親手奏之耶？惟　貴國的京都近鄰殿內，
千耳萬目，何可說殿〈下〉未聞見遠客自遠方至？
此未可解。設使殿〈下〉聞之，何綠（緣）故官員不轉奏
之？
夫還給文書禮物何乎？答曰，先領之，後棄之。
何耶？以還給犯觸公人，觸怒其懷，以友爲仇，
棄禮絕義，招惹大國之公人，關係不輕。況大
官員自便，擅逐堵遠客，凌辱國體面，大哉其
丟臉玷辱矣！遠客抱雅誼殷之情極恭
大官員，可惜大官員因疑惑友志，禁戒之
進鄉里；問事情不應答；絕與百姓交易；待

書典」疑
書聖典」，
舊約聖

## 七六頁



之如敵，避之如奇形怪狀。眞可謂中心絜煩不勝！況昨日爲遠客刑罰無罪之百姓，此是慢待公人，都必轉報　大英國大官員。且遠客實在厚道，給（經）書書（？聖）典，都必謹勤讀之。蓋其味無窮，皆天堂實學也。爲神天上帝耶穌所默示，善讀者玩索而有得焉，則終身用之有不能盡者。還有地理天文書，通知此世事，可悅（閱）讀之。據『子曰：四海之內，皆兄弟也，』照此道理，可以禁戒外國之人與本國之民交易耶？或說准外國人交易，國家都落於虎口，被外國人搶奪。夫孟子曰：『仁者無敵。』今　貴國發

七七頁

政施仁，即是廢禁諴，商賈皆欲藏於國之市，行旅皆欲出於國之塗，其若是，孰能禦之？此是聖人之謂也。何以不恃之觀貴國兵丁之帽，視『勇』之字，兵丁爲勇，豈懼外國的人？或說本國之人與外國之人交易，國之禮法都廢改變。答曰，大英國之禮法比較貴國之禮法好，更好，未可知。設使更好，照得改變本禮法，不亦悅乎？設使不更好，貴國的民棄之。

七八頁

或說，貴國的民人貧窮，何可買賣？答曰，准大英國的賈商至此，帶金銀進口，官員納餉，民人獲利，國家旺相，周到，擊壤而歌。夫此因

原　大清國與　日本國一均准外國的人與本
國的民貿易買賣，則大英國的公人萬望
隣國給好表樣。　貴國可倣法者，等因，莫若
即刻廢禁誡。
終者，據　正憲大夫吳　說，
金大人與李大老爺兩位衰邁年之際，昧
國法，使遠客滯遲在此無故。遠客照本國的
禮法，敬恭　老人，不敢聽妄言，因老人。夫老人
歷練成誠，極練熟國法度，何謂昧然？況
兩位篤實忠厚，不奉命不敢行，且拿
通正大夫勸罪，正是政事，遠客不可留心，只
知那　大人至此奉命令。　大英國公人安俟

七九頁

八〇頁

聖批回而已矣。據 正憲大夫吳 說，
還給文書與禮物，大英國公人請 大夫細
細思以此物不奉大官員反奏
大王千歲爺可還給之者，爲
大王千歲爺此事務不關之，必轉奏之而已矣。夫
遠客與列國交易，未有見聞恁般其酬應
行蹤詭秘，但只可恨是枉然。蓋知 貴國之
京都，何處有地理圖會國之史記，都明白
了，何爲不諄諄肝膽？
夫遠客玩遊徧巡此地方，看貧窮百姓，陳
蕃閭閻，無經無營，無菓樹周密之樹多，耕
田少，此 貴國與隣國何異矣。如知此事情，

禁誡與外國人交易，無望民人多，國之與相，民之福樂平安於隣國也。畢竟，謹勸　大官員，　大英國之船至此之時，以糧食物常時送之，不合之滯遲，但不幸破船在　貴國海邊，救命、濟困，扶危，帶本國之人往到北京，則　大英國之



## 八一頁

皇上報此恩，看　貴國之友心，萬望俯念施此樣慈仁。現今遠客要開行，躭閣（擱）盤費，都徒然。公人將此事情轉報本國之官員，尾後之事，未可知。夫寧死不可受凌辱，是本國之規矩。思之思之。　福祉日隆，起居迪吉。

良藥雖苦，可以愈病。忠言逆耳，可以養心。

壬辰年七月十五日。

弟 胡夏米 甲利 同拜

卷上 朝鮮事情

七十九

# 琉球事情

〈胡夏米上中山府書〉

通知

大英國船號安船主胡夏米從榜曷剌國來。船上載大呢、羽毛、洋布、向來數次。大英國皇上師船等至琉球國，貴國之大官員與民人都以禮義情誼接待之。以各樣糧食物供給之，切（且）不貪報恩焉。

八四頁

將八十三兩頁，州事情

(Anne)

八五頁

况丁巳年間，本國之師船破於　貴國之海邊，貴國之大官員濟困扶危，眞可謂情德徧施等因，咸使聞之，揚　貴國雅誼之情，美讚不勝。故此　大英國民人至此，雖自遠方來，相敬相愛無巳。此結友交之綠（緣）。遠客至此，情願立設貿易買賣相約，此通功易事，使兩國各便其用，亦增加國家納餉，民人旺相興發。是以遠客祈　大官員察奪商量，仍然轉奏。並以此事情仰遠客悉知。夫遠客轉報之與本國之大官員。

救世者耶穌降世之後一千八百三十二年，七月二十三日。

〈中山府馬允中覆胡夏米書〉

琉球國中山府知府馬允中爲回覆事。恭
接　胡夏米大人文書內稱遠客至此，情願
等因，查
貴國要與敝國貿易，原出於友交之至情，不勝感
謝。但敝國蕞爾蠻疆，土瘠地薄，產物無幾，並
無金銀所出，至（致）
貴國大呢、羽毛、洋布、無物可換。且敝國原無〈與〉他
國貿易之例，雖是少些物件，不可兌換。此國
法森嚴之所係，誠難以轉奏。統祈
胡夏米大人電察前由，停止貿易。爲此，回覆。

四頁，誤
本卷末，

道光十二年七月三十日。　琉球國中山府知府
馬允中。

〈文書封面〉

琉球國中山府知府馬允中　覆文賷至
胡夏米大人　當面開拆

〈胡夏米贈物柬〉

大英國船主胡夏米謹通知
馬大人，已奉文書批回，照得　至本國之時，以此事情
轉報本大官員，因不准買賣，迅速開行。已經
共領厚禮物，自覺情誼無踰於此。足見長誠，

令我羞媿。受賜之際，愈增感佩難忘。未知何日再瞻芝宇，而慰我渴懷也！就今日午時上岸拜別，萬望　准見尊面。聊獻薄物，祈
馬大人勿爲遐棄。蓋是本國的卑貨小東西，眞愧乏瓊瑶之報。
大呢，葡色一疋。
羽紗，紅宗（棕）色一疋。
洋布，三疋。
書，四包。
洋葡萄酒一箱、載十二罇。
香酒，一箱。
水晶罇，一對。

救世主耶穌降生之後一千八百三十二年七月二十七日
道光十二年八月初一日

# 廣州事情

〈廣東巡撫爲黃亞勝被夷人戮傷身死事下南海縣札〉

八二頁

人黃亞勝被夷人戮傷身死一案。經前護院飭據臬司稟稱，該縣已傳到見證方亞科，訊據供稱黃亞勝略知夷語，有紅毛國夷人約黃亞勝帶往各處頑耍，因黃亞勝誆騙銀兩，致被夷人戳傷身死。復傳到周亞德，訊與方亞科所供無異。並准

吧」即

# 八三頁

督部堂
粵海關　咨會將該國貨船，暫停放關，俟交出兇夷，再令回國各等因在卷。本部院正在嚴飭查辦間，據𠸄咭唎國夷商啞吐咀遞具夷稟，并譯紅稟同送前來。查閱紅稟，語無倫次，且多晦澁難解之處。惟所稱黃亞勝被夷人戳傷一事，省城有幾國夷人，不實知犯罪者係何國夷人，無憑據阻隔貨船等語。其意似因指兇尚無確證，一時未能交出，且恐誤歸期，是以情急具稟。本部院覆核該縣所訊方亞科等供詞，黃亞勝被紅毛夷人戳傷身死，既有行店可憑，又有服色可認，似已確鑿。惟黃亞勝既知夷語，復經夷人邀同頑耍，自必與該夷人素所

將八四頁，抄入情的裏

八六頁



熟識。黄亞勝被傷之後，曾否將兇夷名姓向方亞科等告知，該縣並未切實根究，且彼時同行究有幾人，即方亞科供開之陳亞茂、陳亞蒼、鄧亞施、陳亞南等，俱未獲案訊供，亦尚不足以定讞。查殺人應抵，律有明條，若死係罪人，則量從末減。

天朝法度森昭，中外一體，斷不能爲外夷稍從寛假，亦斷不肯因外夷過事吹求。如果黄亞勝誆騙銀兩屬實，其人尚在，一經告發，定當繩之以法。茲夷人戳斃犯罪之人，按律定罪，亦不致於實抵。在該國班商來粤貿易，歷有年所，仰荷

天朝厚澤深仁，至優極渥，即此次稟内亦有並

## 八七頁

無不遵法度之語，諒不敢庇匿罪犯，自外
生成。且亦決不肯因此一事，致商船貨物留滯不
行，有誤風帆。或因兇手倘無的實姓名，夷衆
多人，無憑交出，似亦情理所有。除行按司速飭
勒拿陳亞茂等，提同方亞科等確審黃亞勝
究被何國夷人戳斃，兇夷是何姓名，即着落班
商交出審辦。一面詳請放關外，此稟即交南海
縣將本部院指飭各前情剴切傳諭該夷商，
務宜恪遵
功令，確查眞正兇手，交行商轉送地方官審究，
按例辦理，毋稍觀望諉延，自貽伊戚。至所遞之
，稟文義不通，體裁亦未盡合，姑念外夷不諳

## 八八頁

中華文義，不爲深究。稟三叩發還。

査本案前經會同撫部院札司飭令該府縣着落洋商傳諭大班喇㖊交出兇夷究辦，延久未據送出，殊屬膽玩，斷不准任意回國，致令兇夷遠颺。仰候會同　撫部院咨會海關截留紅牌暫緩出口。一面飭商勒令大班喇㖊刻日交出兇夷𠻳咻等解究，方准領牌開船。并札飭臬司一體咨行勒交審辦。仍候撫部院批示繳。

〈啞吐㖿上鎮粤將軍稟〉

具稟。嘆咕唎國王的船主啞吐㖿稟請

即
rcargo)
即
clear-
即
sm)

八九頁

## 九〇頁

鎮粵將軍大人萬福金安。敬稟者：現同包一件稟稱
民人黃亞勝被人戮傷一事，於本月十一日身寄
到城門，懇請老爺代呈。於十二日
海關大人發回，因身望
制憲依洋行商等所稱，就辦明白。現在不幸事，昰以
沒有。前再奉稟，然至今總不見出實憑據。以
犯罪者係本處人，亦不見發給紅牌，准船在此
無事，使費大，出口回國。故此現再奉　大人公
忠念遠情。因夷等已查明該事，且不見實據。以
華人被本處人戮傷。並若黃亞勝眞被夷人戮
傷，人證方亞科，周亞德不實知犯罪者，或係咪唎
嚤國夷人，或係嘆咭唎國夷人。而現發給紅牌與咪

咧嘡國，但給之，與本國船未有。夷等不得久
過耐，如此不公便辦，阻隔貨船，是以列位班定奪
使貨船於本月　日揚帆出口，如此身敬報　大
人知，亦稟報各　憲大人知悉。既然　總督大
人不接稟，亦不准面稟，身無奈懇請
大人以實情恭奏

九一頁

大皇帝柔遠人，明知斷，不隨意夷等辦理，如似表
不遵　制憲飭諭之心，且止是不合理壞事
辦法，能使夷等爲不順。然就是因不合理
壞事辦法以不遵爲公道矣。謹此稟赴
鎮粵將軍大人臺前，察奪施行。
嘉慶十五年正月　日稟。

〈啞吐啪上廣東巡撫稟〉

具稟暎咭唎國王的船主啞吐啪稟

撫院大人。稟爲民人黃亞勝被人戮傷一事，因夷等

已查明該事，且不見實據。黃亞勝以本處

人被戮傷。並若死者眞被夷人戮，人證方亞

科、周亞德不實知犯罪者，或係咪唎㗎國夷人，或

係暎咭唎國夷人。而現發給紅牌，與咪唎㗎國船

但給之，與本國船未有。夷等不得久過耐，如此不

公便辦，阻隔貨船在此無事，使費太多。是以列位

班商定奪將貨船於本月　日揚帆出口。如此

身敬報大人知，亦稟報各

憲大人知悉。斷不隨意夷等辦理，如似表不遵
制憲飭諭之心。且止是不合理辦法能使夷等
爲不順，然就是因不合理壞事辦法，以不遵
爲公道矣。謹此稟赴
撫院大人臺前察奪施行。
嘉慶十五年正月　　日稟。

九三頁

〈啞吐咀上兩廣總督稟〉

暎咭唎國王的船主啞吐咀稟
兩廣總督大人。稟爲民人黃亞勝被人戮傷一事，因
夷等已查明該事，且不見實據。黃亞勝以
本處人被戮傷。並若死者眞被夷人戮傷，人證

## 九四頁

方亞科、周亞德不實知犯罪者或係咪唎㗎國
人，或係嘆咭唎國夷人。而現發給紅牌，與咪唎
㗎國船但給之與本國船未有夷等不得久
過耐，如此不公便辦，阻隔貨船，在此無事使
費太多。是此列位班商定奪於本月　日揚
帆出口。如此身敬報　大人知，亦稟報　各憲
大人知悉，斷不隨意夷等辦理。如似表不遵
大人飭諭之心。且止是不合理辦法，能使夷
等爲不順。然就是因不合理壞事辦法，以
不遵爲公道矣。謹此稟赴
兩廣總督大人臺前察奪施行。
嘉慶十五年正月　日稟。

後拿獲陳亞茂始據供有唛咻之說，業經奉

諭飭知夷等此時前幫之船已經出口，但唛咻

係姓，實非夷等之名。

是本東變十六（一百重見）兩廣總面的，抄於此

九五頁

〈粵海關下洋行商人諭〉

欽命督理粵海關稅務內務府郎中，兼饒騎參領，

加三級紀錄十次常　諭外洋行商人盧觀恒伍敦元　等知

悉。照得唊咭唎國兇夷戳傷民人黃亞勝身死一

案，先據廣州府具稟前由，當經諭飭該商等轉

飭該國大班交出兇手，以憑發訊在案。茲准

督部堂百　咨開『前准貴監督咨會前由，當

將轉飭虎門等處營汛員弁兵役嚴查出口

九六頁

夷船，無紅牌照驗者，即行截留，以憑跟究緣由，
移覆在案。惟查外夷毆斃民人，不但定例森嚴，
亦且於
天朝體制功令均有關係，必應據實具
奏懲究。該洋商等輒以該　大班一面之詞朦混搪復。本
部堂現在傳到該商等嚴諭責令向該大班交
出兇夷，如敢稍有蒙祖（袒）以致兇夷漏網，在該商
等固應一體嚴辦，而本部堂與　貴監督亦恐
上干
聖詰也。相應再行咨會，希即嚴飭該大班，勒令查明
將兇夷交出究抵，幸切幸切』等因，到本關部，准
此。合行再諭催。諭到，該商等遵照迅即轉飭該

佛」
印度
總理
示.





國大班查明交出兇夷，以憑究抵，如敢稍有朦祖（祖，）以致兇夷漏網，定將該商等一體嚴辦。事關外夷傷斃民人，毋任兔脫，致干株累。速速。特諭。

嘉慶十五年正月初五日諭。

〈喇咈上兩廣總督稟〉

嘆咭唎國夷商喇咈等稟請

總督大人萬福金安。敬稟者：夷等前奉南海縣太爺諭飭，內據地保稟報六年十二月十二日夜承遠街有工人黃亞勝被人戳傷身死，拘獲方亞科、周亞德，供係黃亞勝等誆騙夷人銀兩，被戳身死等供，諭飭夷等交出兇夷辦理。夷等

九八頁

遵卽遍査本國夷人，均稱並不知情。經澚各商代
爲稟明後，本年正月初七日奉到
關部大人鈞諭，以黄亞勝等因起意誆騙夷人
銀兩致被戳斃，黄亞勝本係有罪之人，按
之
王朝法度該夷人自可量從末減。飭令夷等將兇
夷送縣認明訊供，仍交夷等領回收管，便可
及早放關回國，將來秉公定案具
奏，該兇夷亦斷不致罹死罪。此是
大人格外恩卹，夷等無不感激。倘可査知係何夷人，

九九頁

卽當立時交出，斷不肯包護兇夷一人，誤一國貿
易大事。奈遍査無蹤，莫可如何。後奉廣州府

爲十三地。

時稱「祖家」。

大老爺，南海縣太爺，親到夷館帶出方亞科、周亞德審訊，據供實因黃亞勝起意商同陳亞茂等八人搶奪夷人銀兩，夷人不依，黃亞勝與夷人扭住被戳身死等語。隨訊以夷人姓名，不能說出，又不能認識夷人面貌。且本國夷人在中華貿易人數衆多，夷等止係管理貿易事務之人，並非本國夷官可比，不能逐一加以刑法審問，實在無從查交。今因此事，祖家各船未蒙

一〇〇頁　恩准給發紅牌。惟是夷等祖家各船係一國買賣，資本重大，現在俱已滿載，正須乘風揚帆。倘再擔（躭）延，恐風帆已遲，不能回國，關係非輕。如果

一〇一頁

實係夷人致傷華人，應當治罪。若有知情，不獨
夷等不敢不交，即各船商梢又豈肯因彼一
夷誤衆人回帆之理？此係實在下情，夷等
向沐
大皇帝深恩，又蒙
大人懷柔大德，卹念十餘萬里重洋遠涉，風帆
不能久遲。懇將夷等祖家各船給發紅牌，准
放出口。夷等即將此案情由詳細寄信，稟知
本國王，將各船人等嚴審，如有此等兇夷，即
當照例治罪交出。或俟拿獲陳亞茂等問
出兇夷姓名住址，即將姓名寄稟本國王，
亦當照例治罪交出。如此則兇夷不能

逃兇夷等各船又得及早回帆，不致延誤。

務求

大人格外施恩久（允）准所謂，（請）不獨夷等暨各船

夷人沾恩，即本國王亦感激無旣矣。

〈喇咈致行商書〉

逕達者，弟等得接　仁兄於本月初四日由省付

來之信一封，內包南海縣太爺之鈞諭，再發起

來而論民人黃亞勝被戮傷身死一事。照得其

事之後，謹四月，差役拿到了犯證陳亞茂被

供黃亞勝被紅毛國鬼子嘍哆呢、嘍啉、咟叻

喇戮傷身死。故此囑弟等將本案兇夷嘍啉

呢即　「咟

即

一〇二頁

衙」
Great
ny 即
公司的
哨洋華
所在地
府爲
」。『公
『Com-
（公司）

## 一〇三頁

等交出送省，並查兇夷實係何船夷人，何
行認保等語。弟不知何緣如此飭諭，想南海
縣主及各憲非已忘如何公司在省時，有無
公道停大公班衙船之後，　大人以弟應寄
札與本國以便查明，如實船內有兇手，卽照
例究辦，卽准船開行出口。如此辦，似認查到
現犯罪者爲最難。如何船去了後二個半月，
着弟交出兇手乎？再纔剛稱兇手在船
內，而船已去了好久，令弟刻日送兇手到省，
此無一毫形爲公便矣。弟前應如後查出兇
手之姓名，就寄之到本國以助查明犯罪者
爲何人可也而已。致（至）所寫出之夷人名，因漢字

## 一〇四頁

音韻與祖家的言語不同，名字未得十分
明白，見得不過是名非是姓。又各船不論
係咪唎㗆國船，不論係嘆咭唎國船，都有這此（？些）
名字，若未有姓，何以查得到？故此弟為陳亞茂
所供，不認得兒手實係本國人陳亞茂所供
不足為無疑之憑據。俱請　仁兄等將善
言詳細＜……＞南海縣各憲所付來之意，望其復
思該事無不辦之照
天朝所久為名，卽公智者也。但由之現在南海縣之
諭，似遠離。耑此走達，順候，總願
仁兄常好矣。

𠶯𠰌」
t. Wel-
即孟買
y。或
買与孟

一〇五頁

〈𠲖𡂴𠶯𠰌上粵海關稟〉

具稟𠸄咭唎國貨船主𠲖𡂴𠶯𠰌稟請

粵海關部大人萬福金安。敬稟者：夷與港脚船主

等，前幾天懇稟

大人飭給紅牌准船出口回國等情，今因 夷保行商

即潘昆水官說 夷姓名與港脚船主姓名不

得同稟。夷敬稟明 大人知悉，夷前天同稟

是何由也。本來 夷船比大公班衙之別號船

同一樣，欲倉茶回本國。然未曾到粵，不幸遭

暴風後，船身底被水流了。現查察船見不

得回𠸄咭唎本國，此處不能整之，乃必可以試

到嗹嚒阜（埠）以被修整矣。爲此不幸，使費都在與自己而或還有使費，加增越多，致遲延，將來實無不全壞夷之事者也。倘若非立即出口，可以到嗹嚒否，未定也。如此，眞係危險，夷人等命而已！如是難夷萬望　大人恤念遠人情允准給紅牌，使夷一隻船出口行到定處，而夷感恩不淺矣。謹此，稟赴

粤海關部大人臺前察奪施行。

〈啞吐咀上廣州將軍稟〉

具稟：暎咭唎國王的船主啞吐咀稟請

將軍大人萬福金安。稟爲民人黃亞勝被人戮傷

一〇六頁

一事，因於本月初十日身奉呈同包抄之稟

一〇七頁

總督大人而不接。到今無奈懇稟請
大人理該事矣。倘若　制憲不肯聞稱，接到夷稟，
是亦見無非不得辦公道明白。現在不幸情者
也。因本國已歷年同
天朝相和交易，並列位班商在粤理情，常無不遵
法度。故身萬望
大人公忠現舒懷聽，實不隨意。身稟明　總督大人。
不然，卽有憑據交出，係本處人犯罪，我一幫
貨船不得在此處，無奈出口回國等情，蓋無
憑據，阻隔貨船，止得無義遲延夷情，而華人
無益矣。謹此，稟赴

一〇八頁

將軍大人臺前察奪施行。

〈南海縣下洋商諭〉

奏署南海縣事，卽用海防分府直隸州正堂劉　諭

洋商等知悉，現奉　臬憲札開嘉慶十五

年十一月初一日，奉

兩廣總督部堂百 廣東巡撫部院韓　憲札，案據該司轉『據署南海

縣知縣劉〈……〉具稟該縣民人黃亞勝被兇夷

嘍啉傷斃一案，懇請

奏明，一面照會該國王，訊明兇夷解粵究辦等情

到本部堂院，據此，查此案前因見證方亞科未

能指出兇夷姓名，是以保商及大班喇咈等

一〇九頁

無憑查交；嗣據南海縣具詳拘獲案犯陳亞茂等，訊明兇夷係屬嘆咻，嘗經嚴批，轉飭勒交審辦。現當該國貨船絡繹來粵之時，正應嚴飭交出照例審明
奏辦，以昭
國法，而崇體制。該縣何得率聽洋商及大班喇嘛諉卸之詞，率請照會該國王查緝解究？且夷衆來粵貿易，大班喇嘛是其專營，又有洋商爲之保結，責有攸歸，乃不從此跟拘，轉欲恃重洋一紙，爲之偵捕。不特本部堂院向無照會彼國緝犯之例，卽使行文該國王，仍以查緝無獲，含糊具覆，豈能以一

一一〇頁

奏完結乎？溯查乾隆四十九年有嘆咭唎國噲嗹船礮
手哳呲嘩在艙眼放礮，誤斃民人吳亞科，王
運發二命，當獲兇夷哳呲嘩照過失殺人
問擬，
奏請發還該國自行懲治，嗣奉
諭旨嚴飭改擬在案。此案，兇夷刃斃內地民人，
情罪尤重，既未能卽時捕獲，迨究出兇夷
的實姓名，又不責成保商大班交出。據請照
會該國王查緝，成何事體？除稟批發外，合飭
嚴拘審辦備札仰司飭縣立卽勒令保商嚴
諭該國大班喇㘃，限十日內務將兇夷嘍啉交
出，傳同陳亞茂等，究明起衅致傷身死實情，

一二一頁

一一二頁

照例擬解，以憑轉請覆審會
奏。倘保商及該國大班狥庇兇夷，逾限不交，卽當
治以藏匿罪人之罪，並將該縣立揭請參，斷
不能再事寬容。仍將遵辦情刑（形）通稟察
核。愼之，速速。』等因奉此，查本案疊經諭飭
該洋商等傳諭該國大班交出兇夷嘍啉等
審訊，迄今日久，仍未據交出。茲奉前因，合再
嚴催。諭到，該洋商等立卽查明何行保商，勒令
該保商嚴諭該國大班喇咈，限十日內務將兇
夷嘍啉及嘍哆呢咟叻喇，交出帶赴
本縣，以憑審辦。倘該保商及該國大班狥庇兇
夷，逾限不交，定將該洋商等治以藏匿罪人

之罪，斷不能再事寬容。仍將該保商姓名
先行稟覆察核，以憑詳報，毋再延縱，致干
重究。速速特諭。

一一三頁　嘉慶十五年十一月十一日諭。

〈啵啷上兩廣總督稟〉

具稟：嘆咭唎公司大班啵啷等爲稟明事，上
總督大人臺前，茲行商說知南海縣有諭開奉
大人憲札飭大班等交出嘍啉等人，以憑審辦傷斃
民人一案等諭。啵啷等應稟覆此事。前任大
班等上年公司船還在粵之時，已經稟明此
事，他無實憑，是以不能查出罪人是否本公

卽

司船之人，但情願擔保此事，公司船回國之後，
定要再查，若查得出兇手自然按律治罪。
此事蒙

**一一四頁**

大憲已經允准，公司各船得牌回國。現在因上年回
國之公司船未有回信。啵嘟等無從可以查辦。
但聞諭之下，理應再寄信回國，說明請再確查。
如後來本國有回信到廣，說查出兇手，如何辦
理，啵嘟等無不情願稟明
大人察奪施行。此稟上
總督大人臺前。
嘆咭唎國一千八百十一年正月初五日具稟。

〈粵海關下洋行商人諭〉

諭

外洋行商人

一一五頁

欽命督理粵海關稅務云云常諭，外洋行商人盧觀恆伍敦元等知悉。嘉慶十五年十二月二十九日准

督部堂百撫部院韓咨開，現據南海縣稟稱該縣民人黃亞勝被兇夷嘍啉戳傷身死一案先經飭令該國大班喇咈交出兇夷，未據送案。茲查知紅毛國大班啵唧現已來粵，其喇咈係屬舊大班，該夷船貨物已經出售，不日揚帆回國。惟兇夷尚未交出，若喇咈即行回國，人命案情，必致經年懸

## 一一六頁

宕，稟請移咨粵海關憲暫緩發給該大班紅牌出口，令各保商及該國大班交出兇夷，照例審辦等情到本部堂院，據此，查本案前經會同札司飭令該府縣着落洋商傳諭大班喇咈交出兇夷究辦在案，延久未據送出，殊屬膽玩，斷不准任意回國，致令兇夷遠颺。除稟批發外，相應咨會查照，希即截留紅牌，暫緩出口，一面飭商勒令大班喇咈該日交出兇夷嘍啉等解究，方准領牌開船回國，施行等因，到本關部。准此，查民人黃亞勝被紅毛夷人戳傷身死，前經疊諭該商人等傳知該國大班交出兇夷，照例審辦，迄今日

久未據送出，殊屬延玩。准咨前因，除暫緩給
發紅牌外，合亟諭知。諭到，該商人等遵照，迅
即傳諭該大班喇咈等，刻日交出兇夷，以憑
發縣審辦。事關命案，毋再狥延，致干嚴
究。速速。特諭。

嘉慶十五年十二月三十日。

〈啵啷等上總督及海關稟〉

具稟：嘆咭唎公司大班啵啷等，爲稟明事，上
總督關部二位大人臺前，茲行商說知南海縣有諭
開奉
大人憲札，飭大班等交出嘍啉等人，以憑審辦

一一八頁

傷斃民人一案等諭。夷即詢之舊大班喇啸，據稱事前奉廣府大老爺，幷南海縣主同在夷館審訊，方亞科等供，毫無供出兇手憑據，是否係本國公司船之人，是以不能交出人。但上年正月，前幇夷船出口之時，曾將各情由稟明在案。但上年出口之船，必須上年年底方能回到本國。前夷等寄與本公司之信，轉稟本國王，諒本年秋冬方有回信。今風汛現已逾期，若再擔（躭）延，貨物貲本重大，關係匪輕。務求

一一九頁

大人格外施恩，俯賜發給紅牌，俾本國貨船，得以及時回國。俟本年秋冬接到本國公班衙之

信，有無查出兇手憑據，即當稟請辦理，不
敢稍有狗庇。理合稟明
大人察奪施行。此稟上
總督關部二位大人臺前。　嗌咤哑、嘧噸、吧哩等稟
嘉慶十六年正月　日，
暎咭唎國一千八百一十一年二月，

後拿獲陳亞茂，始據供有嘍啉之說，業
經奉諭飭知夷等。此時前幫之船，已經出
口，但嘍啉係姓，實非夷等之名。

〈行商上粤海關稟〉

具稟洋行商人十家

---

一二〇頁

吧」即
on「吧」。
Perry。

稟爲遵諭飭稟覆察奪事，緣十四年十二月內民人黃亞勝被傷身死一案，前奉南海縣主喚到方亞科等帶赴夷館查訊。未據供出兇手姓名，迨至上年夷船出口之後，始據案內陳亞茂供係夷人嘍啉戳傷身死。疊奉

憲札令商等轉飭夷商大班喇嗹交出嘍啉審辦等因。茲據該大班等聲稱現在出口之

二二一頁

船，均非上年來廣之船，是以無從查出。現値該大班喇嗹隨本年出口之船回國，所有上年出口之船，係該大班經理。商等遵即轉諭着令該大班於回國之日務須確實查出嘍啉，

送交辦理，不敢稍有狥庇。合將遵
諭轉飭緣由據實稟覆。爲此稟赴
大人臺前察奪施行。
一稟
督憲。
嘉慶十六年正月　日稟。

〈行商具結〉

一二三頁

具結洋行商人十家令（令）赴
大人臺前，結得緣民人黃亞勝身死一案，現喇咈
回國確查有姓㜷啉之兇夷，得有回信，即當
據實稟明，不敢狥庇。所結是實。

嘉慶十六年正月十四日結

〈南海縣下洋商諭〉

調署南海縣正堂馬，諭洋商盧觀恆、伍敦〈元〉、劉德章、黎顔裕、麥覲廷、潘長耀、謝慶泰、梁經國、李協發、并福隆行商夥關祥知悉。嘉慶十六年二月初八日奉本府牌開，嘉慶十六年正月二十四日奉

一二三頁

按察使司陳　憲牌，嘉慶十六年正月十三日奉

廣東巡撫部院韓　憲牌，嘉慶十五年十二月三十日准

一二四頁

海關監督常　咨，嘉慶十五年十二月二十九
日准
督部堂百　會同貴部院咨開，現據南海縣稟
稱該縣民黃亞勝被兇夷嘍啉戳傷身死一案，
先經飭令該國大班喇咈交出兇夷，未據送案。
茲查知紅毛國大班啵啷，現已來粵。其喇咈
係屬舊大班，該夷商貨物已經出售，不日揚
帆回國。惟兇尚未交出，若喇咈即行回國，人命案
情，必致經年懸宕。稟請轉咨粵海關憲暫
緩發給大班紅牌出口，令各保商及該大班
交出兇夷，照例審辦等情，到本部堂院據此，查
本案前經會同札司飭令該府縣着落洋

二二五頁

商傳諭大班喇咈交出兇夷究辦在案，延久未據送出，殊屬胆玩，斷不准任意回國，致令兇夷遠颺。除稟批發外，相應咨會查照，希即截留紅牌外，相應咨覆請煩查照施行等因，到本部院。准此，合就檄行備牌仰司行府轉縣照依事即便轉飭洋商迅即轉飭該國大班喇咈等刻日交出兇夷，照例審擬詳辦，毋違，等因。奉此，查本案節奉檄行疊經諭飭該洋商轉飭大班交出兇夷審辦。迄今日久，仍未據交出，殊屬胆玩。茲奉前因，合行諭催。諭到，該商夥關祥并盧觀恆等立即轉飭該國大班喇咈及通事陸輶、蔡茂，刻日將兇夷噫咻及嘜哆呢，陌叻喇交出，帶赴本縣，以憑審辦。倘再狗庇兇夷不交，定將該商夥治以藏匿罪人之罪，斷不能再事寬容。各宜凜遵。毋違。特諭。

嘉慶十六年二月十三日諭。

一二六頁

# 尺牘類函呈文書達衷集卷下

一頁

〈粵海關下通事林成等諭〉

欽命管理粵海關稅務尤諭通事林成、林望、蔡景知悉。照得紅毛彝船進口日久，未據起貨報稅，隨經飭查去後，嗣據行商詢據大班吠咭說稱必須照舊任由各行店交易，方肯起貨等情，稟覆前來，爲彝船貨物俱責現充官商經手交易，但不得把持措抑，短價高抬，經本監督會同督撫兩院　奏明辦理。該彝人自應凜遵天朝成例，乃尚欲照舊任由行店交易方肯起貨，

二頁

殊不知各店私相買賣，　奏明禁止，如敢故違，即應重治其罪。此皆因爾等通事行商開導不力，且有不肖之徒從中煽惑所致。嘉（？）經訪拿懲創在案。該夷亦應省悟。前各行商議明公辦，原以漢奸勾引挑唆等弊，各行內平素殷實又爲彝人深信者，自可承接貨物，仍歸公同辦理，方爲妥協。至嚬囒彝人向稱馴良，因何甘受紅毛愚弄，亦皆觀望遷延？應即擇其素所相信之商，交託經理，先期起貨貿易，俾免耽誤回帆。若果率順無違，自當格外體恤。如或附和梗頑，將見因人取辱，亦後悔無及也。除稟批各行商遵照外，合就諭飭，爲此諭仰各該通事，即將前指事理，向紅毛嚬囒各國夷人諄切傳譯遵照。

務使明白領略，不得仍前抗違。仍限三日內將作何傳譯，夷人曾否遵照各緣由稟覆察核毋違特諭。

乾隆二十五年七月初五日

三頁

〈粵督撫海關奏禁華人借夷資本及受雇夷人摺節錄〉

乾隆二十四年十月二十五日，督部堂李，會同撫部院託，粵海關尤奏防範外洋夷船條規等一摺內

『一奏借領外夷資本及僱倩漢人役使，並應查禁也。』

查夷商航海前赴內地貿易，向來不過將伊帶來之貨物售賣，就粵販買別貨，載運回國。而近年狡黠

## 四頁



夷商，多有將所餘貲本盈千纍萬，僱倩內地熟諳經營之人，立約成領出省販貨，冀獲重利。即本地開張行店之人，亦有向夷商借領本銀，納利生理者。若輩既向夷商借本貿易，藉沾餘潤，勢必獻媚逢迎，無所不至，以圖邀結其歡心。如汪聖儀現因領取洪任輝本銀營運與之結交；劉亞匾亦因圖借貲本謀利，甘爲作詞唆訟。而夷商就將貲本分散在外，斷不能舍粵而遽行歸國。久之，互相勾結，難免生端。除汪聖儀父子現在欽　諭旨嚴審按擬外，其餘借領夷人本銀，未經犯事之人若一概拘究，未免滋累繁多。應請仰邀
聖恩，姑寬既往，免其深求。仍令漢夷據實首明，勒限清還。嗣後內地居民概不許與夷商領本經營，往來借貸；

嘢 即

五頁

倘敢故違，將借領之人照交結外國借貸詐騙財物例問擬。所借之銀查追入官。使外夷並知炯戒。至夷商所帶番厮人等，儘足供其役使，而內地復設有通事買辦。爲伊等奔走驅馳。乃復有無賴民人貪其貨財，甘心受雇夷人服役，亦於體制有乖，應請責成通事行商實力稽查禁止。如敢狥從與受雇應役之人一幷懲治，等因。於乾隆二十四年十二月十二日奉 旨依議，欽此，欽遵。乾隆二十五年二月初八日到，十二月出示曉諭嚴禁在案。

〈粵撫諭英商嚨喇噠書〉

巡撫部院李 示。爲諭𠸄咭唎國夷商嚨喇噠等知悉。昨據爾等稟稱聞得⿰口悤⿰口思搶佔吡⿰口爾⿰口時船貨，因有

卷下

一百二十九

六頁



病不能遵諭前往虎門。今來叩謝，幷求作主。若有嗬囒及咈囒哂國船到廣，諭令不可欺壓你公班衙船。你們往北邊實不能管轄南邊各港脚船，以後各港脚船夷人倘有爭情乞免傳喚等語，狡詐無禮，可惡已極。外洋各國夷人來廣貿易，都是安分守法，惟爾嘆咭唎國夷人往往逞強滋事。即如前日，就是你們唿嗯搶佔呲囒嗨船貨，如何還說別人欺壓你們，要求作主？爾等既充大班、二班，爾國王派爾等來料理公班衙船事務，就係爾國王差來做買賣的人，你們尚且要管束他，那有港脚船的夷人倒不聽你們的說話？前日唿嗯搶佔呲囒嗨船貨的事，傳喚爾等前去虎門開導，幷不是要仗爾等力量纔能降伏

七頁

唿嗯。本部院因出巡纔回省，念唿嗯初到廣東不懂得
天朝法度，令爾等前往曉諭，原是恐他無知的意思；若
差兵役捉拿，怕他不束手就縛麼？你們託病觀望不
肯前來，不過是看本部院作何歸結，存心已屬狡險。
及至唿嗯不敢違抗，自己請罪求饒，本部院也就從寬
免究。此是仰體　大皇帝矜全遠夷，法外施恩的德
意。爾等當時卽果因有病，本部院亦不肯過加責
備，今既來省叩謝求饒，就該曉得人事，止中說你從
前不能來的緣故，一面諭知你國夷人都要感恩投
德，不許滋生事端，自取重罪，纔是你們的道理。今
乃轉推不能管轄港脚各船，此後乞免傳喚，可見
前日你們不去虎門，就是裝病躲避。安知不是教

九頁



唆港脚船的夷人出頭生事，你們取巧推開由他們逞兇肆害別國夷商，忘（妄）想　天朝體恤外夷從輕發落，你們好從中取利。似此詭詐可惡，難到沒有你們公班衙船，　天朝就沒有法度制伏你們夷船麼？且試問你們既說不能約束港脚的夷人，要你大班人等住在澳門何用？本部院若立卽差遣兵役把你們押出虎門驅逐回國，不許你國來廣貿易，看你等有何本事，敢於抗違？卽如現今暹羅國長仰慕

大皇帝德威，嵩遣貢使前來朝貢，十分恭順。本部院見他向化歸誠，意甚懇切，卽據情轉　奏，一面飭令地方官好生看待，疊加犒賞。難到你們不知道麽？總之，　大皇帝天覆地載，凡內地人民與各夷商船

一〇頁

恩威形（刑）賞，都是一般守法的絲毫不肯刻剝多事的一刻不許寬容。若照你們逞強欺弱，恃衆凌寡的行爲，你們在　天朝地方做出犯法的事來，是自己要討喫大虧了。本部院因你逞刁具稟，姑再從寬明白示諭。諭到，你等果能自悔前非，照舊管束各島夷船，不敢逞刁放肆，則已往之事本部院一概不究。至關上納稅貿易的事務，原係督本（部）堂，　關部院主政，爾現在既經聯銜同稟，應候督本堂關部院批示，本部院並不來責備你們。倘仍冥頑不靈，不守　天朝規矩，此後敢有一天在我　天朝地方犯我法度，擾我客商，騷動我一草一木，不論公班港脚夷船，本部院總要按照　大皇帝功令，連大

班人等同本犯一幷嚴拿分別從重究治，不稍寬貸。你
們各宜害怕，小心辦事，毋貽後悔。本部院執法如山，

下缺

## 〈英商請求專利稟〉

一一頁

㖿咭唎國衆夷商等上稟
兩廣部院大人，
海關大人。夷等本國公班爺（衙）衆班上前奉一諭，交通事傳知夷（等）
聞（問）說因何不起貨，因何不同行商做生意？又諭內任從
揀選行商。今求乞
大人得知。昨噴嚹國大班等亦請衆行商酌議，衆
商說生意任大班與誰人做都好，但買的要歸公
班衙，賣茶及零星各物亦要歸公班衙。夷等見

是粵語的意思。

是粵土
起來」

一二頁

衆商公議的，先幾年就有議的，故此生意做得不乾淨。前時夷商已經稟過，大人批得甚好。今做稟多多叩乞　大人憐恤，或者好來得
大人恩寬。夷等現在等候　金筆許夷等做生意與一商便信一商，不知公班衙衆人。今公班衙生意只是合理，若這等做，貨物帶來折本，後頭不敢帶來，漫漫（慢慢）滅失
皇上國餉。夷等來時，水路甚遠，受許多辛苦，實實叩謝　大人時時憐恤遠夷，格外施恩。今夷商等內有不平的要伸冤，難得伸冤。求
立一法，如何可以進稟。恐防不好人在　大人說夷等不好，求　大人不必信他。夷等原係好人，照

粵語意思乜即

一三頁



正行事，一心遵法，聽候　盛典好意。夷等求
大人作情看顧，賞賜一令，得能遵依。
七月十二日遵譯翻白。

〈英商請示令行商承買紫檀木稟〉

嘆咭唎衆班上求懇
總督撫院海關　大人恩典體恤作仰（？）當比子女，念遠夷人卽係
天朝子民。計前年去的船，於今十八個月，行商先與
衆班上說得有海關告示，叫衆班上買紫檀木來
省。有告示你買來俾多價錢，話道
貢品用。夷等聽得歡喜，寫書噶叮吵國王，叫別處買
來，故此急急買來。紫檀到了此處，都係長大直的，

## 一四頁

帶來好合使用，請行商看過，問價多少。打探公行賣與外人，極細的都取價十兩，今大條好的，要他七兩。行商知道見外人難過，都出價錢不起，止出三兩六錢。 大人恩典，衆班俱是曉得，再毋俾行商難爲夷等。衆班上求懇實實求懇 大人出張告示，勸行商與夷等買受各物，皆行商不來買，不論別貨，外邊人來買。這紫〈檀木〉帶來，人人想好賣得，誰知睡在各行，不能歸回本錢，又恐火燭，又怕水浮沖去，本利一些都沒了。折歸虧個樣生意都難做了。嘆咭唎衆班上懇求 大人出一令，要行商公

## 一五頁

道，莫俾貨物主意。夷等要買就帶貨難了。夷等折本連餉銀多少都沒有，例都無了。嘆咭唎

開國來粵許久，俱係公道，無一些假。求做回舊
時　恩典，懇求　大人美意，夷等知　大人好人，
求懇美意，做回舊時一樣，照家人一樣。

〈行商覆李撫台稟〉

具稟外洋商人八家等，稟奉
大人鈞諭內開，照得本部院欽奉
諭旨兼管粵海關，凡（尤）稽査外夷銷貨物納餉，皆該
行商等專責，所有一切規條，於乾隆二十四年經
前督部堂　奏明辦理，迄今日久，恐該行商等
惟圖便私，不行逐一遵照，或擅改章程，合諭該行
商等，即將後開各款，逐一稟覆等因。奉此，仰見

一六頁

二七頁

大人愼重防範，恤商惠夷之至意。商等荷蒙
憲諭，敢不敬謹稟遵，據實聲明，具覆一奉
查『外洋夷商到廣現在該行商等有無貨已
銷售，不卽交價，指留夷商守候之弊』一款，商等查
外洋各國夷船到廣貿易，每於夏末秋初進口，
至冬季卽行揚帆回國，爲期不過四五個月之久，
而每年所到夷船至（自）二十餘隻至三十餘隻不等，
所帶貨物充塞繁多，價值纍纍，商等旣難先
爲代塡，又勢難就地按期售淸，必須代爲運
往各省發賣，始能陸續歸楚。故向來各國俱
有住班夷人，凡洋船帶來各貨，皆起貯各該夷
館，一面將出口貨置買明白，裝載原船回國。如

有未經銷售貨物，即交該住班夷人留粵料理，隨時附帶。是以乾隆二十四年間
奏定章程條內曾經核准各國夷人數名在粵住班，於各船出口後往澳居住，候該國船到，仍復來省料理各船未清事務。是價從貨出，貨壅難銷，勢所必然。商等實無貨已銷售，不即交價，致措留遠夷藉口逗遛之弊。　又奉
查『現在夷商到廣是否俱在該行館寓歇？該行商如何稽查出入？有無奸猾之徒擅入行館引誘？及夷商自僱內地民人服務？』一款，查夷商到廣，現在俱係遵照定例，在於商等行館寓歇居住。並於行館適中之處，開闢新街一條，以作

一八頁

一九頁

範圍。街內兩傍蓋築小舖，列市其間，凡
夷人等水梢等所需零星什物，以便就近
買用，免其外出滋事。其新街及總要路
口俱派撥行丁數十名，常以把守。一切夷人
行走概不許越出範圍之外。其閑雜人
等，亦不許混行入內至各該夷館，如搬
運起下貨物，及看守行門等項，係責
成通事選派管店數人料理。其日逐（逐日）
所需菜蔬食物，亦係通事結保買辦
數名代爲置買。一切管店買辦人等，俱
係慎擇老成信用之人充當，不敢從
中引誘。夷人並無自僱內地民人服

役，倘有其事，商等隨時查知，立當駆（驅）斥，毋任容留。一奉『夷商將帶來貨物售賣後，置買別貨回國，每有不肯行商，於代買之時，將價值比別行稍減，以小信邀結，而於代銷售物則蹉跌其價，且拖欠不還，併於代買貨物中攙低搭假，夷商販運回國，不能銷售，仍復載來退換』一款，商等查買賣交易，誠如憲諭，俱應畫一公平，以示誠信。但粮（良）莠不齊，人心叵測，其貴買賤賣，希圖邀結者，亦難保無其人，明鑒實爲燭照。商等自

二一頁

當恪遵

訓飭，嗣後買賣，務須公平交易，誠信相孚。如有仍蹈前轍，即公同指名稟究。倘有通同隱匿，情甘一並分處。至於代買貨物，攙低搭假之處，商等實無其事。然細加詢察，亦屬有因。夷人出茶葉一項，向於福建武夷及江南徽州等處採買，經山江西運入粵省，一路程途窵遠，箱數繁多，難以在在關防。其中途遇有不肖夫役，乘間挖竊，復以僞物頂替，照舊封固，無從遍察。及商行賣與夷人，裝往上船，彼此均屬無知。迨至夷人回國拆賣，始行察

二二頁

覺。是以曾有夷人檢出壞茶，復載來廣
退換。然此亦非常有之事。其退換之
茶，仍係商等賠償，未虧夷本。蓋商等
與夷人貿易各有行口，原圖公正，取信久
遠，非同過往貿販，何敢抵假欺詐，自壞經
營？懇乞
憲天詳察。一奉
查『夷商寓歇行館，嗣後凡內地民人俱不許
擅入，與夷商見面，即在行司事夥伴，亦不得與
夷商閒談勾結。如有舖戶自向夷商賒貨借貸，
及領本代置貨物，將行商一併拿究。其拖欠價
銀，即於該行商名下追賠』一款，商等遵照向例



一三三頁

凡夷商一切交易事宜，俱係責成行商經手，以
杜內地民人勾結滋事。立法最爲盡善。無如日久
玩生，內中一二庸闒之行商，懈於稽查，遂間有舖
戶潛入行館，妄生覬覦，實屬抗玩。茲夷般（船）將次
陸續進口，籲懇
憲恩俯察定例，給示嚴行申禁，庶共知儆畏，實
爲　恩便。至不法舖戶民人乘間混入夷館者，均
係無藉之徒，不過些少什物私與貿易。至於大
貨物及資本銀兩，夷人亦不敢輕爲信託，斷不
肯賒借，併無給本倩其前往別貨置貨。但商等
專司防範，嗣後並當加謹稽查，一概閑人，均不得
與夷人聚談交結，倘有故違，隨時稟請拿究。並

諄切開導各夷，毋致受愚被累，仰副
憲天體恤栽培。以上各條，商等謹奉　諭查，將
現在情形據實稟覆。其一切規條事宜，俱係循照
舊章，恪遵辦理，不敢稍有玩違。理合稟明，伏乞
大人察核施行。　乾隆四十二年四月十五日公稟
李撫臺大人。

二二五頁

## 〈李撫台批〉

李撫院批

夷人到廣，貨物繁多，雖不能一時全數銷售，但各省
客商來廣裝買洋貨者，亦復不少；該行商如將
已銷貨價隨時交收，自無措留守候之弊。所稱

二六頁

代爲運往各省發賣，始能歸楚，殊不思行戶只應從中評價銷貨，豈有代爲運賣之理？此卽因爲住班夷人代爲收賬，藉爲延緩之計。嗣後該行商等務宜信實公平，毋有稍存詭詐，致干察究。

至夷商居住行館，稽查出入，乃該行商專責，豈可聽舖戶民人私相交易？近日竟有賒欠夷人貨價盈千纍萬者，如此大宗貨物，皆係該行商司事、夥伴，藉與夷商熟悉，遂以自開洋行貨舖爲名，任意賒取，而夷商因係行商夥伴，可以信託，以致受愚被累。但貨物既在行館發賣，必經行商之手，豈能諉爲不知？嗣後如有舖戶賒欠不還，惟該行是問。餘俱悉。其中禁舖民不許

擅入夷館之處，已會同
關部出示在案。該行商亦即實力遵照可也。

〈廣州海防同知禁止棉花入口下洋商諭〉

署廣州海防軍民府觀　諭各國大班知悉。本
年五月十六日奉
廣東巡撫部院李　憲諭內開『照得外夷船隻
載貨來粵貿易，應將該國土產洋貨多置進口，
以資內地應用。至棉花一項，本無庸外洋載運
帶來。近來各國夷船，見外洋棉花價值便宜，希
圖充賺，不將土產洋貨多置進口，乃由順道重
載棉花，海運來廣，以致內地棉花壅塞不通，殊

二七頁

## 二八頁



有負柔遠懷來之至意。現在奉
旨飭令於海口嚴行查禁，茲値洋船陸續進口，
合諭飭遵，備諭仰廳，卽便轉飭各國夷船大班
人等遵照，如遇夷船經由墨門進口，立卽查明
該船如係滿載貨物，附有棉花壓艙不能起
動者，暫准其進泊黃埔之後，將棉花或存貯
船內，或起貯蓬寮。如該船所裝洋貨附搭棉
花容易搬運者，亦卽飭令將棉花卸貯澳
門，總不得駁運來省。仍將某船起卸棉花若
干先行稟報，俟各船貿易事竣，出口之日，飭
令照數裝運回國，至所來港脚船，倘係全載
棉花，並無別貨，於該船到澳之日，卽行查明，

二九頁

一面稟報，一面驅逐回國，不許擅放進口。其回
澳船隻嗣後再不得攜帶棉花，倘已經帶
到，卽令起卸墨夷家內，不許內地民人私相
販賣。倘有不肖舖戶居民膽敢串同走漏，
並卽嚴拿究擬。事關奉
旨查禁，該同知務須實力奉行，慎毋稍有寬縱，
致干未便』等因。奉此，合諭飭遵。諭到，各該國大
班等卽便遵照，如遇洋船來廣貿易，一到汎
口洋面，卽令停泊，立卽查明該船如係滿
載貨物，附有棉花壓艙，不能起動者，暫令其

三〇頁

進泊黃浦之後，將棉花或存貯船內，或起貯
躉寮，如該船所裝洋貨附搭棉花容易搬運

者，卽令將棉花卸貯澳門，總不得駁運赴
省。仍將某船起卸棉花若干，開明數目，交
該船買辦引水人等先行稟報本分府，俟該
船貿易事竣出口，照數裝運回國。至所來
〈港〉脚船，倘係全載棉花，並無別貨者，卽便飭
令揚帆回國，不得擅行進口。事關奉
旨查禁，該各國大班等務須遵照奉行，毋得稍
有寬縱，致干未便。特諭。
乾隆四十二年五月二十日諭。

〈廣州海防同知？准棉花入口告示〉

三一頁

卷下

爲欽奉

一百五十一

上諭事，照得前因雲貴總督李　摺奏外洋夷商由緬甸地方裝載棉花來廣，奉　上諭查禁，不許進口，已經出示曉諭，並將該夷商帶到棉花堆貯澳門，俟候回國時，仍行裝載出口在按（案），茲又奉　上諭『緬匪已將所留內地之人，遣人送還，其心頗知畏懼，如悔罪納款，奉表輸誠，自可仍許其開門〈關〉通市。滇省尚可弛禁，粵省海口棉花之禁，亦可照辦。欽此。』除示仰行商通事，即便轉諭各夷商欽遵，
恩旨，乃（仍）准交行售賣，毋違，特示。

三二頁

〈英商白啦呢請粵督關部廢止公行稟（附批）〉

是粵語的意思。
是粵語組織公意思。

## 三三二頁

卷下

總督海關 二位大人福安。
公司嘆喻大班先二月在澳聞得唐人話衆商埋公行，係 總督海關 二位大人管理主意。我等夷人聽見人說，都不信。前三年 大人出告示散了公行，夷人有書寄去各國，知道公行已經又撤又爛。 大人前有告示話埋公∧行，∨恐怕有難爲夷人生意，又難爲窮人。大班等見公行散，十分歡喜，多謝
二位大人。誰想又有公行？行商茶又雜又不好，價錢又高。今又埋回公行，實有壞公班衙生意。從前我國有十六隻船來廣，舊年只有四隻船來廣，
皇上少了十二隻船餉銀。我夷人聞得舊年餉銀缺少，如果少，恐怕唐人嚇騙了

一百五十三

大人餉銀。我夷人與唐人買賣交易餉銀出在唐人，少與不少，與我夷人無干。若係　二位大人要夷人出餉，無有不依，夷人不敢瞞騙　大人分毫。夷人與唐人交易，得個實價實貨，得回本錢。如有公行交易，貨低價高，任公行主意，不到我夷人講話。大班等懇求　二位大人開恩。　大人明見，可憐我夷人受虧，遠涉難（維）艱，兼

大人餉銀亦少去。若　二位大人明見二件事，定不肯難爲我夷人等，斷然不俾埋回公行了。我夷人等爲容易做生意。大班等屢次多謝

二位大人恩恤我們。我夷人〈祝〉

大人指日高陞，遠夷沾恩不淺。

三四頁

抄白啞吔稟批云

批據稟各行商欲埋公行，公班衙貨物受掣等語。查本關欲設公行，必先
奏明出示曉諭，然後開設。並無其事，爾夷商何得聽奸販唆擺，混行瀆稟，致滋煩擾？至示禁各洋小店不許私向夷商買賣一則，爲小舖店勾通走私，以致
上虧
國課。且小店舖並非殷實人家，將該夷商貨物到手，思徒賺利肥己；甚有躲匿逃亡，致使夷商出口之日，本利全無者，言之殊堪髮指。故久經示禁在案。爾夷商務使循例經營，自有本等利息。各夷商於出口進口貨物亦有往例可循，不得故爲增

減。爾夷商安分交易，毋聽奸人慫慂，有負恩恤
之至意也。凜之，毋忽。
乾隆四十三年八月　日。

三六頁

〈廣州府下行商蔡世文等諭〉

廣州府正堂加十級紀錄十次徐　諭洋商蔡世
文等知悉。乾隆五十七年十一月十九日奉
布政使司許　憲牌，乾隆五十七年十一月十二日奉
巡撫廣東部院郭、粵海關監督盛　憲牌，竊照本年九月初三日據洋商
蔡世文等稟有嘆咭唎國夷人啵啷、啞哩嚥、噴啞
等來廣求赴總督暨粵海關衙門具稟。該國王
因前年

爾呢」即 George
tney

## 三七頁

大皇帝八旬萬壽未及叩祝，今遣使臣嗎嘎爾呢
進貢，由天津赴京，懇乞先爲
奏明等情，經本部院/關部 於九月初七日會同恭摺
具奏在案。茲於十一月初八日准
兵部火票遞到
廷寄，乾隆五十七年十一月二十日奉
上諭：『郭〈盛〉等奏據洋商蔡世文等稟有暎咭
唎國夷人啵啷、啞哩唤、嚌呃等來廣稟稱該國王因
前年 大皇帝八旬萬壽未及祝賀，今遣使
臣嗎嘎爾呢進貢，由海道至天津赴京等語，並
譯出原稟進呈；閱其情詞，極爲恭順懇摯，自
應准其所請，以遂其航海向化之誠，卽在天

三八頁

三九頁



津進口赴京。但海洋風帆無定，或於浙、閩、江蘇、山東等處近海口岸收泊，亦未可知。該督撫等，如遇該國貢船到口，將卽【卽將】該貢使及貢物等項，派委妥員迅速護送進京，毋得稍有遲誤。至該國貢船，雖據該夷人稟稱約於明年二三月可到天津，但洋船行走風信靡常，或遲到數月，或早到數月，難以預定。該督撫等應飭屬隨時稟報，遵照妥辦。再該貢船到天津時，若大船難於進口，著穆騰額預備小船，卽將貢物撥送起岸，派員同貢使先行進京，不可因大船難以進口，守候需時，致有躭延也。將此傳諭各督撫等，並諭郭盛知之。欽此。』遵

旨寄信前來等因到本部院關部承准此，除移咨
各省督撫部院，暨
長蘆鹽院轉行欽遵查照外，合就檄行備牌，仰
司即便會同按察司欽遵查照，即檄南海縣
將　奏奉
諭旨，准令嘆咭唎國進貢緣由傳諭該國夷人啵
啷、啞哩晚、嚬呾等，欽遵查照毋違等因，奉此，合就
檄行備牌，仰府照依事理，即速轉飭南海縣將
奏奉
諭旨准令嘆咭唎國進貢緣由，傳諭該國夷人啵
啷、啞哩晚、嚬呾等查照，毋違，等因，奉此，除行南海
縣遵照外，合就恭錄

## 四〇頁

卷下　一百五十九

諭旨給發該商等，即傳諭該國夷人啵嘟、哑哩晚、噴咂等，祗領欽遵，查照，毋違。此諭。

乾隆五十七年十一月二十八日諭。

〈粵督粵海關下行商蔡世文等諭〉

太子少保兵部尚書，總督兩廣部堂，覺羅長

督理粵海關稅務，上駟院卿蘇， 諭外洋行商人蔡世文、潘致祥、石中和等知悉，照得暎咭唎國貢船買換回國貨物，欽奉

諭旨免其輸稅，業經本部堂/關部 會同撫部院

奏請將嗎嘆哆嘶貢船免其輸納進口船鈔銀三千六十五兩八分四釐，併免征出湖絲稅銀六百八十

哆嘶」郎 into sh) [imdos- 主。

四一頁

四兩四錢四分六釐。茶葉等稅銀一萬四百五十一兩四錢四分七釐，共貨稅銀一萬一千一百三十五兩八錢九分三釐，合行給發諭到該商等遵照，卽便出具領狀，將前項免征鈔稅共銀一萬四千二百兩九錢七分七釐，赴關照數領出轉給該夷當〈堂〉收領，以示 天朝加惠遠人之至意。倂取具該夷商番稟領狀稟繳察核毋違。特諭。

乾隆五十九年二月初十日。

嗎嘆哆嘶貢船免征船鈔及出口貨稅共銀一萬四千二百兩零九錢七分七釐。

內：

萬和行交過夷收紋銀五百零六兩四錢零四釐；

同文行交過夷收紋銀九百六十兩零三錢七分八釐；
而（天）益行交過夷收紋銀一千六百七十八兩零六分八釐；
源順行交過夷收紋銀八百九十六兩七錢五分，
廣利行交過夷收紋銀二千六百二十九兩七錢五分三釐；
怡和行交過夷收紋銀二千七百二十七兩七錢八分五釐；
義成行交過夷收紋銀九十二兩零零一釐；
達成行交過夷收紋銀一十六兩四錢零七釐；
東生行交過夷收紋銀九百八十六兩二錢六分四釐；
會隆行交過夷收紋銀六百四十二兩零八分三釐；
另該夷另輸船鈔未徵銀三千零六十五兩零八分四釐；
通共交還免征紋銀一萬四千二百零九錢七分七釐。
乾隆六十年三月二十六日。

四三頁

四四頁

〈粵督批英商啵啷所稟十一事件〉

唊咭唎大班啵唰呈稟事件，四月初一奉

兩廣總督部堂張大人批，

『第一件，英吉利國貨船到廣，不拘甚麼貨物，甚麼船，買賣東西，該上多少稅，給一個一定單子，我們分文不敢短少。』

查貨物有粗細，價有高低，不能懸定。此條，五十八年貢使在京曾經懇請，已奉部駁，應毋庸議。

『第二件，唊咭唎國的人在廣、澳門經河路來往，向來人要稅，貨亦要稅。若是應該有稅，也求賞個單子；若是沒有，求免上稅。』

卷下　一百六十三

查此條人貨上稅，原係從前陋規，已於五十八年十一月間出示禁革，並將需索陋規之兵役逐名重責，沿河枷示。今應再行出示，重申例禁。如有仍前需索情事，准夷人具呈稟控，以憑究治。至上墨下墨所帶各件，如係外洋貨物，係自進口起貨時已經上稅，應免其再行輸納。併其餘衣服、行李、及隨身刀佩，日用食物等項，均免其輸納。惟置買內地貨物，來往攜帶，若不照例納稅，恐有內地漢奸覓搭夷船，漸啓漏稅之弊，仍應令其照前輸納。

## 四五頁

『第三件，我們買賣在廣東都上過稅，向來到澳門又要上稅。求

## 四六頁

## 四七頁

大人查明；若有這個，我們上稅，若是沒有，省得上兩遭稅。』

查一切洋船來澳，經由大關者，下貨物抽稅；經由澳門者貨落夷船無稅，起貨時上稅，從無兩次征稅之例。惟上澳下澳經過總巡口、西砲臺、佛山口、紫泥口、澳門口，有擔規銀兩係屬正項，仍應輸納，亦只應將置買內地貨物，按擔輸納。其已經〈納〉稅之外洋貨物及衣服食物，仍應免稅。

『第四件，我夷人爲身體怕有病，喜歡行走，到廣東不能進城，也不能到闊野地方活動，求大人查核，或准進城，或在城外指一個地方，或准騎馬，或准步行，我們就不生病了。』

查廣東人烟稠蜜（密）處處莊園，並無空餘地，若任其赴野閒遊，漢夷言語不通，必致滋生事故。但該夷等錮處夷館，或困倦生病，亦屬至情。嗣後應於每月初三、十八兩日，夷人若要略爲散解，應令赴報，派人帶送海幢寺陳家花園，聽其遊散，以示體恤。但日落即要歸館，不准在被（彼）過夜。併責成行商嚴加管束，不准水手人等隨往滋事。

『第五件，我們買賣船水手甚多，萬一有病，連別人都染了。或在河邊，或在海島，准我們蓋搭幾間草房子；有了病，就移他到草房子裏住，也好養病，也免染別人。』

四八頁

## 四九頁

查黃埔船到，向許在附近岸上暫蓋寮蓬數間，船去即行拆毀，已屬格外體恤。今若於黃埔改建草房，船來固可供夷人之栖止，船去交誰看守？若聽夷人自行看守，是須夷人在黃埔終年長住。彼處並無官署駐劄，倘有漢民赴彼擾詐，以及水火盜賊等事，不能防範。應毋庸議。

『第六件，我們買賣貨船起身後，還有人留在廣東；向來一起身，就催落澳，求
大人着他們有要緊事情，或多留幾日，或隨便到澳門。』

查貨船去後，夷人各有緊要事，准其寬限二十日，以資料理；但不得過事挨延，有干例禁。

五〇頁

『第七件，英吉利國的買賣人單單叫高宏一處把持，若許與別的人交易，他就不能把持了。』

查各國貨船到廣，均應聽其自願報行，單無單叫一人把持之例。如有前弊，准控究理。

『第八件，英吉利船到廣，向來係中國的人包攬上稅。求我們自己經理，買賣的人親自到關上交稅就好了。』

查各貨稅，尚須以洋錢傾鑄紋銀，始能交關。關上條款繁多，夷人不能自行經理，是以責成行商代納。前督部堂李奏明在案。且關上吏役賢愚不等，恐在欺壓夷人，刁難需索情弊。事屬難行，應毋庸議。

五一頁

第九件，英吉利國人愛學中國話，若許廣東人教我們的買賣人會說話，就能夠通中國的法律了。」

查夷人來廣貿易，除設通事買辦外，原不許多僱內地民人，聽其指使服役，久經奏明在案。現今通事買辦，即係內地民人，儘可學話，不必另多僱內地民人教話，致與定例有違。

「第十件，英吉利國買賣船，各船俱有管船的人，若犯了中國法律，應該本人自己當罪，不要叫別船無罪的人受累。」

查夷人若有違犯，應責令大班將犯罪本人交出，僅治本人之罪，原不應牽連無罪之人，事應准行。

五二頁

「第十一件，英吉利國的買賣人，另有旗號。呵嚽哩

卷下　一百六十九

台衆國。



噶也會我們的話，也是我們這樣衣服，另有旗號，不要和他們混到一塊。』

此條應存記備査，遇有事件，自應查明旗號辨理，不致牽混影射。

〈粵海關批行商潘致祥等稟〉

沐恩洋行商人潘致祥、盧觀恆、伍忠誠、葉上林、劉德章、倪秉發、鄭崇謙、潘長耀　稟叩，

稟據嘆咭喇國夷商咪哌哈等稟求運下銀子給與嘱呢船運回嗌呀喇地方各由，

欽命督理粵海關稅務武備院卿，加四級紀錄二十二次，佶　批

五三頁

查該嘓呢夷船，前據澳門口具稟，載有胡椒，銀子等件。茲據稟該大班聲稱並無貨物裝載來廣，候飭大關委員帶同各洋商及通事前往黃埔會同該口家人等驗明該船如果並無貨物，即便丈量，飭令輸鈔，一面押出虎門外海灣泊，俟該大班將銀兩運去裝載，毋許停留在埔。飭該嘓呢夷船有隱匿貨物，及乘機夾帶出洋情事，一經查出，惟該商等是問也。

〈伍浩官致英商味眡哈書〉

金風薦爽，玉露飄涼。遙想清暉，曷勝神溯！比惟尊台晨夕起居，定多佳況，賀賀啟者：弟之二家兄沛官因染暑症，漸至沉疴，已於六月十三日身故矣。時喪事紛紜，未遑赴報。茲事稍暇，忝在相好，謹拜札以聞。至小行生理各事，俱照家兄生前，如常辦理，無用掛懷也。尚此，并候

近好不一。

上

暎咭唎大班味呧哈台照。

公司各位班上，祈為致意，恕不另札。

怡和行伍浩官頓。七月初六日沖。（泐）

〈劉章官致英商味呧哈書〉

## 五五頁

別來許久，時切懷思。遙想到澳以來，

福祉定多吉兆，欣慰之至。前蒙

命査抄船規例兩項茲將一二三等船鈔並規禮

銀兩開消款項，一併排列清單寄來，祈爲查收。

倘有船隻來澳，公司有好喜信，望即寄知，是

禱。聞今年船隻來到甚早，想

駕來省亦早，統俟面晤時再談一切。奉茲數行，

以候

日安。此上

咪哌哈文几。　　　　弟劉章官頓　二十三日泐。

## 五六頁

船鈔例：

一等船　十六丈以上，作長七丈五尺，寬二丈四尺，乘得十八丈，

卷下　　一百七十三

該鈔銀一千一百二十兩。

二等船　十四丈以上作長七丈，寬二丈二尺，乘得十五丈四尺，

該鈔銀八百八十兩。

三等船　十四丈以下，作長六丈，寬二丈，乘得十二丈，

該船鈔銀四百八十兩。

另

船鈔規禮銀計一千九百五十兩

一九三折算傾紋銀計一千八百一十三兩五錢

內

應完放關紋銀四百八十兩零四錢二分

應完糧道放關紋銀一百一十六兩四錢二分四釐

入口禮紋銀一千零一十三兩三錢六分四釐　交大關

**五七頁**

餘銀二百零三兩二錢九分二釐（交通事支各項零用）

以上四款共支銀一千八百一十三兩五錢

〈粵督因英兵船停泊內洋事下行商潘致祥等諭〉

督憲諭

外洋行商潘致祥等知悉，現據東莞縣范文安稟稱『卑職於十五日在省聞得暎咭唎國兵船挽近虎門礮臺，卑職即於是日卯辭星赴虎門查看情形。於十六日二更舟抵虎門寨。十七日辰刻，會同署廣東左翼鎮標中營遊擊黃觀祐前赴三門礮臺。查看暎咭唎國兵船二隻停泊於三門礮臺之對面海中，相距礮臺約計五六里之遙，在南山橫檔礮臺之外，亦僅離八九里之遠近。查該國夷船來粵貿易，原有兵船護送，但向係在老萬山外洋面停泊，今忽挽進內洋，逼近三處礮臺，且欲俟該國貨船出口，方始開行，既需時日，又係外夷兵船，更恐此次容其停泊，下年即成以爲例，合無仰懇移會海關，諭知該國大班，飭令兵船仍復照舊移泊外洋，亦屬防微杜漸之一道。卑職查看後，仍會同黃遊擊諭令各礮臺弁兵小心防守，並毋許張皇，及與夷兵計較。所有卑職會同查看嘆咭唎國兵船挽泊情形，理合繪圖註說，駐（馳）

五九頁

六〇頁

稟察核。』等因到本部堂，據此，查先據該國管理兵船嚟嘣吔具稟，請買糧食，幷求引水民帶引兵船尋好地方寄泊等由，當經准其採買，令該兵船乃照向來在潭仔洋面灣泊，行司轉飭該商等遵照辦理在按（案），據稟前由，合就諭遵。諭到該商等立卽飭知該國大班，於半月內速行修竣，移往潭仔洋面灣泊，隨同該國貨船開行回國，毋任在被（彼）逗遛，致滋事端。毋違此諭。

嘉慶四年十月二十二日諭。

〈又一件〉

督憲諭　各行商知悉，照得外國兵船護送貨船來廣，向在潭仔洋面灣泊，不准駛進內洋。今本年有𠸄咭唎國嘽㗑等兵船三隻，停泊三門礮臺對面海中，因船身壞爛，據該國管理兵船嘮嚕吔具稟懇求購料修整等由，因舵壞難行，姑准其於半月內修好，照例移往潭仔洋面灣泊。諭在案，該商等自應遵照催令開行，灣泊潭仔，不可任其逗遛。再查今年𠸄咭唎來廣貿易船多，護送兵船自必不少，嗣後有該國兵船駛至粵洋，該洋商等即撥引水帶赴潭仔，並令該國大班先行知會兵船照例灣泊潭仔，以符定例。如仍前駛至三門一帶內港，除嚴行押令開往潭仔外，並將不先派引水在洋等候帶引之洋商等

六一頁

六二頁

斥革，重治其罪，斷斷不能寬貸也。今旣令其均
收泊潭仔洋面，雖澳門較近，一切口糧食用物件，
自應在澳門買辦，不應仍由虎門運往。並札飭
墨門，虎門一體遵照。各宜凜遵，毋違。此諭。
嘉慶四年十月二十九日諭。

〈粵海關因英兵駛入黃埔事下行商潘致祥等
諭〉

欽命督理粵海關稅務，武備院卿，加四級，紀錄
二十二次，佶　諭外洋行商人潘致祥等知悉。現
據黃埔口家人等稟稱，本月二十二日巳刻，據有
暎咭唎國兵船，駛進黃埔，家人等査覘，卽前連

進二次之小兵船，內載有劍刀鳥槍十餘件，並無別物。詢據夷人稱說，伊船內走脫梢手數名，恐其逃匿在新進夷船五隻內，爲此到來查問，有無實信，俟查明遲一二日間即行出灣泊等語。家人等嚴行看守，理合星飛稟明察奪等情到本關部，據此，正在諭飭間，旋據該口具稟該兵船現已駛出虎門灣泊，但黃埔係屬禁地，豈容該兵船疊次擅進？殊違法令！合行嚴飭，諭到，該商等遵照即便轉諭該國大班，速飭兵船頭目，務遵

天朝禁令。嗣後不得擅行出入。倘該商等不行開導，仍有私進黃埔情事，一經查覺，惟該商等是問，毋謂言之不早也。凜遵特諭。

六三頁

六四頁

嘉慶四年十二月二十五日諭。

〈粵海關因英兵船駛至三角洋事下行商潘致祥等諭〉

欽命督理粵海關稅務武備院卿，加四級紀錄二十二次，
信　諭外洋行商人潘致祥等知悉。現據澳門口
委員等稟，據引水胡廷瑛稟稱本月十八日有暎
咭唎國巡船一隻駛至三角洋面灣泊，小的遵即
查據該巡船主吻𠹌說稱係伊國巡船，護送本
國貨船來廣貿易，在此灣泊，聽候各船出口仍護
船回國等語，再查該巡船番梢四百名，大炮六十門，
鳥鎗二百枝，劍刀三百口，火藥八百斤，彈子八百個，所

有船上番梢礮械，理合報赴等情，轉禀到本關部，據此查暎咭唎國前有護送貨船來粤，𢃇等兵船三隻，灣近虎門，當經督部堂飭行驅出潭仔洋面灣泊，并飭嗣後兵船不准灣近虎門在案。今該巡船𠸄𠹌雖係護送來粤，仍應遵照收泊潭仔洋面，候該國貨船出口，護送回國。據禀前由，除咨明督部堂外，合行諭飭，諭到該商等即便轉諭該國大班轉飭該巡船遵照灣泊潭仔洋面，毋許稍有滋事，致干重咎。特諭。

嘉慶四年十二月二十四日諭。

六五頁

〈澳門夷官覆廣州府諭查英兵船灣泊澳外事稟〉

稟。

爲稟覆事，現奉　諭開仰哆刻速傳諭暎咭唎國大班，立將三桅得船抑令駛在澳外雞頸零丁等洋面灣泊，毋得藉護送爲名，駛入澳內，致干査究，仍將遵辦緣由稟覆等因，奉此。　哆査前有暎咭唎國兵船灣泊在澳外，曾經着其開行，未便逗遛在此，斯時亦漸駛往零丁洋面。不想未久復又灣回澳外，又往香城附近，併在川鼻灣等處洋面往來，業經稟明在案。但該兵船因有內地圖利民人接應辦事，其亦圖便在彼，致常灣泊，所以哆亦不能

六六頁

# 六七頁

拘轄。又前開該國有諭着令兵船查探遍處海港，但哆以其因於貿易船隻往來只宜在於東便洋面路徑，不應駛至澳外附近。若以因於護送該國大班上省下澳，但本澳夷官不惜費金，設有大小巡船，皆爲防守澳海，併以便於護送各國大班夷商上落之舉。若其有所請求，而本澳統兵夷官無不允其所請，更不用其兵船由此穿插。奈該國兵船意在川鼻灣澳外等處洋面屢屢灣泊，哆實難以測其緣故，亦無別策可着遠離，不復在此。惟望內地　列憲可有處置之方，或以禁止與其買辦人等，或着行商傳諭大班頗爲約束。且該國大班現在省行駐劄，儘可傳其押令船隻遵照行止，灣泊所在。

茲奉前因，理合稟覆
憲臺察核。至該船前在澳外附近洋面往來灣
泊，並無哆之主意，併請轉詳
大憲裁奪，免後有累於澳地，華夷均有不安也。
爲此稟赴
正堂大老爺臺前察奪施行。　正月十三日。

〈粵海關因紅毛核治骨船命案下行商潘致祥等
諭〉

欽命督理粵海關部佶　諭外洋行商人潘致祥、劉
德章等知悉。嘉慶五年正月二十四日據番禺縣
稟稱「嘉慶五年正月二十四日據卑縣民人許彩

六九頁

廷稟稱，切蟻撑駕坭船，與人載物度活，本月十七日，由鄉赴省，四更時候，船至四沙海面，經過紅毛嗬咍嘈船，遇着頂風，不能急過。該夷人疑是賊船，並無吆喝，即放鳥槍，鉛子打傷工伴蔣亞有。蟻即叫喊，夷人將船帶回嗬咍嘈船，有搭船劉亞實心忙過船，身跌下水，即尋不見。十八早，夷人將蔣亞有裝去醫調，蟻即奔投四沙黃埔口可憑。十八晚，夷人又將蔣亞有交蟻，并有夷字一張，着蟻持往紅毛嗬咍嘈船取藥調治未痊。倘有搭船之劉亞實身跌下海，找尋無蹤，生死未卜，叩乞驗究等情。連鉛彈子，夷字，呈繳。并據劉亞實之兄

七〇頁

劉亞儉等稟同由各到縣。據此，經將蔣亞有傷痕驗明，彈子，夷字貯庫。訊據各供，劉亞實係被夷人拉扯過船，掙跌入水，并搬去船上紅薯二籮等情，填錄各單附卷。除飭令蔣亞有將傷痕醫調務痊，并選差行屬打撈劉亞實務獲外，理合稟請察核，俯賜飭令洋商并該船大班查明下手放鎗，并拉跌劉亞實下水夷犯，連紅薯，飭發下縣，俾得審訊，具文通報，實爲公便』等因，到本關部。據此，合就諭飭。諭到該商等，遵照立卽傳諭大班，飛速查明下手放鎗并拉跌劉亞實下水夷犯，連紅薯，一併押赴番禺縣收審。事

七一頁

關命案，毋得刻遲疎縱，大干未便。速速。特諭。

嘉慶五年正月二十七日。

## 〈番禺縣因核治骨船命案下行商諭〉

署番禺縣正堂堯　諭洋商等知悉。案據縣民許彩廷稟稱，本年正月十七日四更船至四沙海面，經過紅毛嗷咯嗋船。該夷人疑是賊船，卽放鳥槍，打傷工伴蔣亞有，並拉跌劉亞賓下水無蹤，生死未卜等情到縣。當卽驗明蔣亞有傷痕，填單附卷，一面飭差移行打撈劉亞賓務獲，並稟明

關憲。飭令該商着落該國大班，查明夷犯，交出

七二頁

## 七三頁

審辦。并傳通事謝鰲等面諭，確查在案。茲據通事謝鰲等稟稱，伊等沿海找尋，追至虎門口內，俱不見該夷船，無憑查詢。懇飭令各行商嚴韡該國大班查明，方得不致誤公等情。前來，合諭飭查。諭到該洋商等立即兼同通事謝鰲、林傑、蔡銓、林廣等，飛速查明該船去向，何人下手放鎗，何人拉跌劉亞實下水。限即日稟覆本縣，以憑察核。案關緊要，毋稍揑飾稽延，致干查究。速速特諭。

嘉慶五年正月二十九日諭。

〈粵督撫海關因英船命案下行商諭〉

兵部侍郎，兼都察院右副都御史，巡撫廣東
部院，陸，
太子太保，兵部尚書兼都察院右都御史，總督
兩廣部堂，覺羅吉，
督理粵海關稅務武備院卿，加〈四〉級紀錄〈二十二〉
次，信，
諭外洋行商人潘致祥等知悉。現據嘆咭唎
國公司大班味咭哈等稟稱『前七天行商帶來
有一諭，與我們經即寄信將諭帖付往佊船
船官啲叻吐。如今我們稟知大人知道。今啲叻吐
到省受了我們書信。我們再稟知大人，我們
等班，係在這裏辦公司的事情。啲叻吐係本國

七四頁

〔船〕船

### 七五頁

王官府，他不許我們辦本國王的事情。但𠹭叻吐告訴大人或差一官，會他面訴或面見大人。因伙船上遇着此事。我們向來知道大人管治有道，爲外國人有好心；必定要分別公司事，國王事。我們再多謝大人的愛心厚德，』等情，到本部院部堂關部據此，查夷人來粵貿易，未諳中華法度，原藉該公司大班以資約束。即該國兵船到粵，亦爲護送公司貨船而來。故平時稟請批照採買糧食，均該大班出名具稟。本部院部堂關部亦念該大班爲外夷曉事知禮之人，是以深信，准其買辦接濟。若非因該大班在

卷下　一百九十一

天朝貿易多年，則該國兵船，豈容其逗遛?今
該兵船夷犯黑夜疑賊，並不詳查，擅敢【擅敢】
施放鳥槍，致傷內地民人。自當恪遵
天朝法律，即行投到，聽候秉公審明，斟酌核
辦。乃復具稟飾詞諉卸，希欲置身事外，殊
非本部院部堂關部　平日優待該大班之意。合行諭飭。諭
到該商等遵照，即將此諭傳知該大班等，尅
日將放鎗傷人及過船威嚇落水之夷犯，迅急
查明交出，毋得玩延推諉，致干行文查辦。本
部院部堂關部　仰體
大皇帝惠愛遠人之德意，秉公審訊，務期情眞

七六頁

罪當，而得其平。該大班似可不必托詞推卸，心存疑懼也。該商等仍將遵奉傳諭緣由，即日稟覆。毋違。特諭。

七七頁

嘉慶五年二月初八日。

一，疑竊殺人，即照鬬殺論，擬絞。

一，將烏鎗施放殺人者，以故殺論。斬殺人者，充軍。

一，罪人已就拘執，及不拒捕而殺之，以鬬殺論絞。

一，誣良爲竊，除實犯死罪外，其餘不分首從充軍。

一，誤傷人者，以鬬毆傷論，驗傷之輕重，坐罪。

一，酗酒生事，犯該發遣者，俱發烟瘴地方爲奴。

以上各條，皆

天朝國法，有犯悉照問擬，無可寬貸。

〈粵督海關因英船擄人事下洋商諭〉

督憲吉
關憲佶
爲曉諭事。照得夷人貿易，
天朝旣設行商爲之經理買賣，復設通事爲之道達情詞，凡所以體恤爾夷商者，無不至優且渥。爾夷等理宜恪遵功令，安分經營，卽遇有事故，在省則投告行商通事，在埔則投明稅館或就近汛官，具稟候示，豈容將內地民人擅押赴船。如前次同文行下載溼水及泥草茶箱，旣被看出，

七八頁

## 七九頁

祗應向該行商兌換，斷不致令爾夷人受此
低僞之貨。該船戶不過受雇代裝，有何干
涉？乃該夷人竟敢將艇戶押上夷船，倘或滋
生事端，釀成巨案，所關匪細。姑念爾夷人
無知初犯，不加重究。合行曉諭。爲此，示仰各
國大班及各船夷人知悉。嗣後務須凜遵法度，
遇有事故，及貨物偶有參差，均應向保商通
事理論明白，保商等稟請本部院部堂關部究治，不得
將艇戶人等押累。爾大班等仍宜隨時開導，
遍諭衆夷，嚴加約束，使夷人各安貿易，毋敢
任性犯違。倘有恃蠻不遵，
天朝法無曲貸。本部堂部院令出必行，定即從嚴究

辦。該大班均干未便，勿謂言之不早也。凜之特示。

嘉慶五年六月初九日示。

〈粵海關因走私羽紗案下潘長耀諭〉

諭外洋行商潘致祥、盧觀恆等知悉。照得前據總巡口拿獲走私羽紗一案。訊據押貨人黎亞二供稱買賣人係馮士英、馮達英裝載船戶陳廣大，即亞帶。當經飭行南海縣拘提馮士英等，解轅訊究去後，獲據南海縣拿獲船戶陳廣大，錄供批解前來本關部，猶恐情節未實，親提研訊，再三開導，招據廣大供認曾於上年五月間在黃埔馮士英家裝過羽紗，二

八一頁

十版，現據羽紗係喇唦咂夷船之貨。於十月十五
十七等日裝過兩次先後共裝過羽紗三次。幷
有在黃埔村居住之艇戶馮樹先亦同在喇唦
咂船裝過羽紗二次，等供據此。查喇唦咂夷船係
麗泉行商人潘長耀所保，本關部素聞該商積
慣走私，因無確據，尚未查辦。今伊所保喇唦咂
船果有馮士英、馮亞樹等私上該船載裝羽紗，
且經數次，自不知止。現護（獲）之四十餘版，該商斷
無不知情之理；顯故智復萌，串同偸漏。但現
在拘飭馮士英、馮亞樹、馮樹先尚未弋獲質
證無人，必致狡賴，暫緩提究。合先諭飭，諭到
該商等，遵照即將發出現獲之羽紗四十八版，

卷下　一百九十七

按照時值變價呈繳，並轉飭潘長耀照羽紗數目應征稅餉若干加一百倍罰出充公先示薄懲，仍俟拘獲馮士英等到案再將潘長耀提案質審，從嚴奏辦，決不姑貸。該總商等各亦難辭稟之特諭。

嘉慶六年三月初十日。

## 〈潘啟官盧茂官致大班未氏哈書〉

本日接讀大班來信一封，內云未氏哆啉哎等下墨時所繳餉銀太多，意欲求恩領回。弟思足下臨開船時說係通事謝鰲所說，能領回之話，次日入關署打聽，此項餉銀，已收入關庫

八三頁

內，並無發還之意。後來問及通事謝鰲，據稱係當日錯聽的等語。今蒙寫書來問，只得據實奉覆。專此，佈候

近好不一。

上

大班未氏哈如晤

弟潘啟官
盧茂官同具。

六年五月十五日沖。（泐）

〈潘長耀因走私羽紗事致澳門紅毛大班書〉

六月二十二日辰刻接到部文，係海關佶大人四月初四日奏喇呅呃船走私羽紗一案，計四十八版，共正稅

銀四百七十九兩零，要罰保商銀五萬兩等因。查此案，走私自有走私之人，此係公司之事，竟欲罰弟五萬兩之多，計七萬餘員，又欲補徵正餉銀四百七十九兩零，立限馬上繳出此罰項之銀。但弟無辜而受罪，此船係輪保之船，並非弟之走私也。況弟開行未久，無可獲利，何有此七萬餘員之項？則欲罄家所有，盡賣子女，亦無可抵塡。若不認罰抵塡，係屬奏准之案，勢必入監提比，倍增慘上加慘。千思萬想，無法可救，是以二十二夜三更時候，速令舍姪飛往澳門代弟懇求

大班及·衆班上列位相商，代爲訴稟走私羽紗一案於 督憲之前，言弟實不知情之事，波累

**八五頁**

而受罰，或者將來 督憲看見 衆班上之眞
情，憐而轉奏，俾免賠累，亦未可定。弟係商人，
雖能遞禀，實不能望其轉奏也。但此一案，廣省
各官，俱亦知弟之不知情也。今海關大人因此
而奏，實未嘗據弟親供，誠可謂誣奏矣。現在正
犯馮士英、馮達英等經已緝到，在海關大人并南
海太爺審訊，自認在喇𠯿啞船走私。而海關大人
又問曰，『保商與通事知情乎？』馮士英等犯對曰，『保
商與通事實不知情』也。於此，愈可槪見弟之果不
知情也。此二犯，現押南海監內，理合通知。伏惟
大班及衆班上列位，妥商憐弟無辜而受罰，祈
爲設法。膽敢〈求〉大班金言，轉囑各行商，酌量相幫

**八六頁**

卷下 二百一

所奏罰之項。抑或　大班公司格外恩施幇弟免
我敝行之開空倒累。無非勗勷之一助也。敢不敬
佩　大德之成全也？弟亦曾對同文、廣利、義成三行
通知，惟是三行皆云此事實屬可傷，極欲相幇，力
不能爲。此大人之事，非蒙
大班鼎力匡持，亦當議託咐囑班上一人前來
廣中設法，則不能救矣！肅此，馳達。切速切速！其同
文行自二十二日接到部文之日，至今與弟二人
俱在海關衙內料理，未知何時得以了局此事耶！
謹將海關諭札，并原奏稿，及奉到硃批抄錄送上
台覽。祈爲看訖，隨即化火，是禱。並請
崇安不一。

八七頁

郎　意爲
一
吆」郎
man.

上

紅毛公司大班未氏啲啗
未氏哈
未氏哆啉吆　同台照

六年六月二十七夜二更潘(Coneeeyua)
(Comsekwa)頓。
麗泉行

〈行商爲走私羽紗事覆大班及咽呭吆等書〉

昨二十七日接讀　大班來信一封，得悉一切，此事委曲無辜受累，無人不知，一言難盡。　大班尚肯如此關切，弟等豈無關切之心？爲人卽是爲己，豈有想不到之理？但無奈事情已定，似難挽回。一切未盡之言，且俟　大班早日來省面說可也。弟

等所慮者，日後之事不知如何辦理。今拜托　大班
同列位咽𠹭吱作速議定日後章程，免致弟等受
累，亦免貽誤公司之事。拜托，拜托。至來信云要的物
件，聞得已經有人寄來。弟等無庸再寄。一切事情
書中不能盡寫，務望
大班列位早日來省面說詳細可也。嗣後如有緊
要書信煩着買辦親自帶來，庶免遺失貽誤。專此，
佈覆，並候
大班暨列位咽𠹭吱近好。

弟等知名不具。六月廿八日冲。

〈英商爲海關重罰保商事呈粵督稟〉

八九頁

叩稟

兩廣總督中堂大人臺前，哈等風聞
海關大人奏明走私羽紗之事，實甚憂煩。前拿獲
羽紗四十八版，據海關役丁稟稱公司船主喇咇
呢名昔巾西沙來的，又說保商潘長耀知情從
中故縱，不念有損稅銀，要罰保商銀五萬兩，另要
征收正稅。哈等聞此事，只得爲歷情稟明。向來船
係嘆咭唎旗號的，一到黃埔，我公班衙立即將公
司定下主意出示該船船主嚴禁船內人等務遵
天朝法律，不可有犯；如有走私及不法之事，我公
司知之，必定嚴加治罪。我公司既有這樣約束，更
兼例於艙口及四路皆有關役，日夜看守巡查，立

九〇頁

法如此嚴密，我夷船人等，或不致有犯法行險之事。雖然如此，設使該船尚在黃埔，自當立卽查明是否亦是我公班衙分內之事。且此事不得不速爲告訴者，有三件：一則，向來到廣之羽紗，不但盡由暎咭唎來的，意者未必就是我國之人走私。二則，或是見無對證，妄誣我國之人走私，使我將此人治罪，至今此人大失體面。三則，不忍保商負此冤枉。哈等獨恨喇咇哐船未回國之時，我等確是不知疑惑該船有走私之事，至無質證。我等亦略聞　海關大人主意已定，要將此事奏聞，但不知其奏聞之速也。因係未拿獲走私之人，未曾審得實在證據；雖拿得艇戸，究非確實切供。在

九一頁

## 九二頁

大人亦知我公司來廣貿易生意甚大。是故我公班衙在世（在）留心防察各行商行事邪正，果是可信之人否？及其身家殷實與否？今潘長耀，吾知其可信，因從前一樣並非歹人，或無走私之事。且此船又係輪保，指為走私，實是無辜。如今【如今】要罰他，恐其身家未必殷實了。而且公司同他交易甚大，巳交定貨銀子太重，寄貯貨物甚多，一旦罰他五萬兩之多，恐其行立倒，必不能交出貨物。我等甚恐公司之項，無所歸着。

大人明鑒，亦顯然明白矣。此次若罰了潘長耀銀兩，日後設或有似此事者，要照如此責罰，則新例一起，弊將無底矣。一者新例，保商無辜受罰破產

九三頁

亡家，可立而待。吾等恐現在保商，各思遠逃，或者
變却章程，不方便我們了。二者，新例，自後愿爲保
商者，必係無賴之徒，斷非身家殷實好人。三者，新
例若行，負販小人，偶爾走私事覺則罰保商，是則
保商實在危險，立可亡家。四者新例若行，公司必
疑行商，行商又疑夷人，公司與行商兩不相信，生
意何能措手？必不似今日之好章程了。五者，新例，
罰了五萬兩之多，則公司與行商人心懷疑懼，將
來買賣必少，貿易必細，國餉日漸短少了。哈等
知將來必有此等弊端，若啞忍無言，公司必謂我
等不諳事體，則得罪更大，故敢冒險叩陳。切思
中堂大人廣大高明，兩粵之主，向來諸事皆造福

九四頁

蒼生。今者潘長耀之寃，必蒙燭照，則我等公司亦藉恩光，不致壞此貿易之事。且此事一審便知潘長耀知情與否。又聞馮士英今已拿獲，關部大人審訊，自認行商通事並不知情。再者，人生世（在）世，自然要敬重本國顧本國體面，如有妄談其國者，莫不速爲剖白。我知大人寬洪大量，必愛此等忠心愛國之人。玆者海關奏稿內有二事我實在有些惶恐，敢爲辯明。奏稿內云，『國王自置大呢羽紗來廣』云云，切思每年暎咭唎國裝貨來廣之船有二項：一項係般富公衆局商，住在本國；一項係雜項商人住在港脚地方，並非我本國王之船。除此之外，每年或有兵船一二隻

## 九五頁

護送貨船來廣，此兵船乃是國王之船。且從來未有入虎，並非來廣貿易。奏稿又云『兩年來此項貨船進口，其餉銀比於從前倍覺興旺，從前亦有此項餉銀，並未見趕至如此數日，大約係走私走了，』我等查公司向來舊部大呢、羽紗等貨從未有如此兩年之多者。貨多則餉多，貨少則餉少，並非走私去了之原故也。

大人蒞任兩廣數年之久，凡毫末之事，皆爲洞鑒。我公司一向皆係顧體面的，並不比此雜項夷人，胡行亂走，不顧體面者也。哈等近日看見京報，叩

## 九六頁

賀大人高陞協辦大學士。

天朝大皇帝，知

大人清正廉明，兩粤之人各得其所。
大人若俯准將此事轉奏，自可上達
天聽，則遠夷感　恩不淺矣。

〈英商爲走私事呈海關禀（下缺）〉

叩禀：
海關大人臺前，哈等風聞走私羽紗之事，已經奏聞，實甚憂煩。前拿獲羽紗四十八版，據丁役禀係公司船主喇𠺌㖿船名昔巾西沙來的。又疑保商潘長耀知情，從中故縱，不念有損稅銀，要罰保商銀五萬兩，另要征收正稅。哈等聞此事只得爲歷情禀明。向來係𠸄咭唎旗號的，一到黄埔，我公

九七頁　卷下　二百十一

班衙立卽將公司定下主意出示該船船主嚴禁
船內人等務遵
天朝法律，不可有犯。如有走私及不法之事，我公司知之，必定嚴加治罪。我公司既有這樣約束，更兼例於艙口及四路皆有關役日夜看守巡查，立法如此嚴密，我度夷船人等或不至有犯法行險之事。雖然如此，設使該船倘在黃埔自當立卽查明是否亦是我公班衙分內之事。且此事不得不速爲告訴者有三件：一則，向來到廣之羽紗，不但盡由暎咭唎來的，意者未必就是我國之人走私。二則，或是見無對證妄誣我國之人走私，使公司將此人治罪，至今此人大失體面。三則，不忍使保

商負此寃枉。我等知潘長耀此事確不知情。且又
聞正犯已經拿獲，我者實甚歡悅
大人必能究出眞情。哈等獨恨喇㗎㖞船未回國
之時，我等確實不知疑惑該船有走私之事，至無
質證。在
大人亦知我公司來廣貿易生意甚大。兩年來大

〈英商因英軍官擅登澳門事覆粤督稟上下缺〉

## 一二九頁

國遣些兵丁到澳防護，免致關係甚重，別無
外故。嗣奉
大皇帝聖旨不准本國兵丁在澳，立卽揚帆，等因，
玆將前事據實稟明臺前舊歲本國將軍

嘟咯嚦稟訴明前任
總督大人案上，然本國將軍乃奉
本國王命，不同貿易人等原欲面見
大人，懇求面諭，而前任
總督大人不准見，後有謝稟，俱不肯收。其中言
語，往來錯聽，以致下情不能上達，貿易躭延。今逢
大人，如光日月，鑒察愚情，只得歷情剖訴。今
復懇
大人准面見，實訴緣由，倘後有事稟報，仍懇
准施　恩傳見，面訴情由，免使不諳通道
理貪財之人欺瞞商等，屢屢爲難。伏乞
大人公便恩施，使商等永沾

嚦節
ldmi-
'illiam
rien
從印
拉斯來。

一三〇頁

一六頁

大皇帝矜恤懷柔大德，則彼此相安相益感激靡極。再稟者舊歲本國發來巡船二隻，本在洋面探視沙石，以便商船來往。因附近唐山洋面沙石最多，夷船常遭沙石阻患，本國設此船巡視沙石，免

〈粵督百齡爲英兵據澳門事奏參前督吳熊光摺〉

## 一三七頁

又帶有小西洋人書信，欲暫借澳門居住。我們原不敢私借，當即投明地方官轉報總督。那知該兵頭恃強，竟佔住我們所設的東望洋、媽娘閣、咖嗯囒三處砲臺，因力不能敵，只得守住大砲臺抵防。

後聞總督傳諭
大皇帝諭旨，不准伊等居住，始畏退去。我們
得照舊安居，實深欣感。聞得嘟嚕
嚘等私帶兵前來，並非奉伊國王
之命。我們已呈明本國王轉行知會。至我
們西洋夷人，仰受
天恩在嶴居住貿易，多得利益。英吉利國已久
豔羨，想來佔奪生意，實是異心。惟我們
久已懼怕，見他們與西洋人約議和好，從
前不敢將其來意稟出，恐他挾恨尋仇。這
是我們苦衷」等語。奴才又傳喚在嶴之英
吉利夷商，喇咈等詢問，該夷商尚以英吉

## 一三八頁

卽葡萄

四頁

## 一四一頁

利兵丁係來澳門保護西洋之生意爲詞。及嚴詰以墺門係天朝地界，咈囒西焉敢前來侵佔？卽或少有不遜，澤（譯）閱稟內詞意與各該夷所言大略相同。奴才查西洋夷人在墺居住，每年只納地租銀五百兩，所來貨船二十五隻，止征船料，不納貨稅，較他國之稅省銀不下數十萬。西洋夷人貪利，倂將澳門餘屋，轉租各國夷商居住，每年所得租銀，亦復不貲。英吉利在諸夷中最爲強悍，此時覬覦西洋微弱，帶兵前來，逼令讓住，其志異（冀）懇求允准，遂可據爲利藪，乃復藉名保護，以期陰肆其奸。卽如現在該夷商喇咈尚稱並無圖佔之

心，委屬傳言，其狡譎情形愈辨（辯）愈見。迨後不能

**一四二頁**

遂其所欲，遂求開艙，以爲回國之費。是英吉利來去情由，奴才詢之文武各官，訪之在墺耆老，所言大率類此，別無起衅端倪，亦并無在內地滋擾情事。惟該夷幻詐異常，其所稱已稟知該國王兵船不必再來之語，殊難憑信。奴才亦維有嚴飭地方官預爲防範，一面籌議章程，以資控制。再查吳熊光辦理此事，自上年七月二十一二等日該夷兵船來墺至虎門外雞頸洋面停泊，八月初二日即抵澳門上岸，佔砲台，節次據地方文武各官及西洋夷目稟報，吳熊光批令香山

**一四三頁**

協副將墺門同知照常辦理防範，並令夷商

一四四頁

前往慰遣，遲至十六日見該夷不退，諭令封艙，仍委知府陳鎮遊擊祁世和前往詢問。該夷兵頭稱欲求見總督面言，吳熊光既不傳見斥逐，又未添派大員往辦。節經遊擊祁世和、香山縣彭昭麟請派官兵堵逐，一（而）吳熊光俱批以靜鎮，不可張皇。彼時西洋夷人具有澳內居民四散澳夷將虞絕食之稟，求香山縣轉稟。吳熊光總未親往查辦。該夷兵頭見無准備，逐（遂）於九月初一二等日將兵船三隻駛進虎門，停泊附近省城四十里之黃埔地方。吳熊光因於初四日具奏始將師船內之香山虎門兩處兵丁抽撥回營防範，並令碣石鎮黃飛鵬管帶水師兵船二十餘隻，雇紅單十餘隻，在省河一帶灣泊。至二十三日，該夷兵頭復同二兵頭帶領夷目十餘名，水手二百餘名，駕坐板艇船三十餘隻，由黃埔至省城外十三行街停住，求見總督。吳熊光又派廣州府福明、副將張＜……＞前往曉諭。該夷人聲稱懇總督奏明大皇帝，如蒙允准在嶴寓住，倘不邀恩准，然後退去等語。吳熊光總未見面，祇令其回至黃埔候旨，並飭禁買辦伙食。該夷人頗覺慌急，於二十六日又駕三板船數十隻來省，欲向十三行

一四五頁

成事
接在
刧」下。

## 一四六頁

裝取伙食官兵喝阻不理，經總兵黃飛鵬
令兵丁嚇擊一砲，轟斃夷兵一名，受傷三名，
該夷兵並未放回鎗砲，卽退黃埔。維時不但
黃埔民人嚴戒遷避，卽省城外商民無不驚
慌徒（徙）遷城內，並有地方之爛崽匪徒烽（蜂）聚數
千人，意欲乘勢搶刧，經南海、番禺兩縣派令
兵役日夜防範，始就寧貼，幾至釀成事端。
至十月初十日，奉到
諭旨，飭令曉諭該夷人卽速撤兵回帆，不可停
泊，倘有不遵，統兵剿辦。吳熊光遵於十二
日檄調督撫提鎮各標官兵二千六百名，派
令參將張紹緒、寶興，遊擊祁世和，都司老

格，守備李福泰等，管帶在於黃埔及澳門駐札防守，並未攻擊。至十六日，將所奉諭旨內所諭該夷緣由，敍札委福明張〈……〉赴黃埔宣示，該夷兵當卽畏懼，情願撤兵退，回因無伙食，先求買辦。吳熊光准其買辦，該夷兵復求開艙，吳熊光諭令全行退出後，再行開艙。該夷兵速於十月二十五日等日將兵船退去虎門。十一月初一二日，在澳門之夷兵亦陸續退出外洋，等候吳熊光知會監督常顯，卽於十一日開艙。該夷船始行退去。此英吉利夷人兵船始據澳門，繼進虎門，往來黃埔省城數月之情形，及吳熊光辦

一四七頁

一四八頁

理此事之前後原委也。奴才伏查英吉利夷船，
據澳固屬恃強但始終未敢抗据（拒）情狀，若
當即其始至求見之時，吳熊光早爲明白
開示，詞嚴義正，挾其奸謀，無難斥退，即使
略有觀望，懾以兵威，亦必有所畏憚而去。乃
遲至月餘而後入奏，又遲至月餘，而後調
兵，迨該夷兵情願退回，即准其開艙，誠如
聖諭，開艙雖在夷兵既退之後，而許其開艙，則在
夷兵未退之前。且開艙係吳熊光通知監督
常顯主見，奴才細察吳熊光之意，始則托詞
靜鎮，或冀夷兵速退，即可消弭此事。繼因
該夷兵船駛進虎門，直至黃埔，復至省城，事難掩

一四九頁

卷下　二百二十三

飭（飾）始行具
奏。迨奉嚴詞指示，尙復視爲尋常事件，不卽親往
設法斥逐，因循數月，示弱有失大體，實屬咎無
可辭。奴才已經查明，不敢隱諱，謹據實參
奏，請
旨治罪，以示懲儆。至前撫臣孫玉庭會辦此事，並不將前後
實情自行具
奏，亦有不合，理合一併附參。再奴才三月二十四日到墺門
履勘後，回至香山，卽從水路於二十七八九等日至虎
門、焦門、黃埔一帶，查閱各處海口砲台及地方情
形，四月初二日回省，所有應行籌議控制章程，
及酌定華夷交易各事宜，現與撫臣韓崶悉心

會商妥議，除俟籌定後，再行恭摺奏請
訓示外，合將英吉利夷商所呈夷字稟結二件，
及譯出漢字稟結二件，並西洋夷目漢字押
稟一件，恭呈
御覽。伏乞
皇上容鑒。謹
奏。

〈英商喇咈解釋英兵登陸理由呈粵督稟并甘結〉

嘆咭唎國夷商喇咈稟叩
兩廣總督大人萬福金安。懇

一五一頁　卷下　二百二十五

印東印
總理
Ro.

大人准商等稟訴。喇等係專司英吉利貿易之
事，素仰
大人公忠愛國，薄海內外，無不歌頌。喇等本不
敢進稟
臺前，恐致煩瀆，但下情有不得不申訴者。舊
歲英吉利有些兵丁來澳，乃爲保護自己
生意起見，並無敢犯
天朝之法度，因咈囒西屢次欺西洋人，將其國王趕逐
於咪唎㗅地方，我們嗌叮呀兵頭嘟嘚喱閰
其欲來粵侵犯，將英吉利生意阻隔，不及稟知
國王，卽就近來澳防護，並無他意。因屢次求見
前任

一五二頁

## 一五三頁

吳制臺，總不允准，後投謝稟知，亦不收。下情不
上達，以致躭延數月。嗣後欽奉
大皇帝聖旨，不許夷兵在澳，嘟嚕啞立即揚帆退回，不
敢違抗。但嘟嚕啞不先稟明，即行登岸，實
屬冒昧。幸蒙
天恩蕩浩，不加誅戮，僅予驅逐，感激無地。喇等已
將始末緣由稟明本國王，自必將嘟嚕啞
治罪。今蒙
大人申明大義，嚴詞訓斥，並准喇等面見，
得以瀝訴下情，喇等不勝感激之至。更乞
大人格外鴻恩，代爲陳
奏，轉求

大皇帝天高地厚之仁，加
恩免罪。至於上年嘟嚕嚹兵船來㟃，傳言
喇等欲分佔西洋船額生意，實在並無此心。
設言訛傳，嗣後仍懇
大人施恩准見俾下情得以上達，免遭疑謗。
喇等即當稟知本國王，斷不許其兵船
再來滋事。爲此，僅具甘結，是實。
兩廣總督大人爵前鑒察施行。
具甘結人，英吉利國夷商喇㗴情因嘉
慶十三年七月二十三日我們嗌吖呀兵頭，
嘟嚕嚹冒昧帶兵來㟃，蒙
大皇帝諭旨，即行回國，不敢抗違。今

## 一五四頁

大人親臨訓斥，詞意明切，喇等不勝惶悚
感激之至嗣後喇等稟遵
天朝法度不敢稍有滋事，懇祈
大人垂憐遠人，代爲陳奏
大皇帝。施恩免罪，闔國沾
恩。所結是實。

一五五頁

〈嘉慶十四年五月上諭（一）〉

五月十九日准
兵部火票遞到
廷寄。四月二十九日內閣抄出，奉
上諭，各省封疆大臣，守土是其專責，遇有

一五六頁

關涉外夷之〈……〉，尤當立時親往勘辦，務要妥協，方爲無忝厥職。前者吳熊光在兩廣總督任內，英吉利國夷船帶兵入澳，佔據東望洋、娘媽閣、咖嗯嘛三處砲台，雖向係西洋人防守所設，究係中國地面，即與入境無異。吳熊光身任封圻，其咎已無可辭。本日，據百齡查奏，上年七月二十一二等日該夷船來至雞頸洋面，八月初二抵墨上岸，踞佔西洋砲臺，地方文武稟報吳熊〈光〉，批令照常防範，至十六日見該夷不退，僉令封艙，經撫標右營遊擊祁世和、香山縣彭昭麟，請兵堵

吳大作黃

**一五七頁**

御，吳熊光亦俱批以靜鎮，不可張惶。彼時香
山縣見有居民四散，澳夷乏食之稟求遞，吳
熊光總未親往查辦。該夷兵見無准備，將
兵船三隻駛入虎門，停泊黃埔。吳熊光因於
九月初四日具奏，始派兵防範，並令碣石鎮總
兵飛鵬黃大人管帶師船，在省河一帶
灣泊。至二十三日該夷兵又駕坐三板艇船，
由黃埔至省城十三行停住，求見總督懇
請代奏，在舘寓住。吳熊光總未見面，祗令
其回黃埔候
旨，並飭禁買辦伙食。該夷人慌急，後駕三板

**一五八頁**

船欲回十三行裝取伙食，官兵喝阻，不理，

總兵黃大人開砲轟擊，傷斃夷兵一名，
帶傷三名，該兵夷卽行退回。至十月初
十日奉到
諭旨，吳熊光僅撤調各標官兵回黃埔、墺門駐
札防守，並未攻擊。至十六日恭宣
諭旨夷兵當卽畏懼，情願撤兵退去，復求開
艙。吳熊光諭令全行退去，始准貿易，該夷
兵陸續退出外洋，等候。該暎咭唎國夷船

一五九頁

帶兵入澳，藉名保護西岸，陰圖佔地謀利，情
殊譎詐，卽應立時驅逐。况此次該夷兵遇官
兵開砲，並不敢稍有抗拒。及奉有嚴飭
諭旨，亦卽畏懼，開帆遠去，是該夷兵尚知畏懼

一六〇頁

天威，無他伎倆。該督於該夷兵登岸之初，即親往彈壓，曉以大義，一面調集官兵防守，該夷目自必知所畏懼，即時退出，庶足宣示國威。吳熊光於此等要事，遲至月餘，始行具奏，既未親往查辦，該夷兵求見，又祇派員往諭，並不面諭斥逐。雖開艙在夷兵既退之後，而許其開艙，究在夷兵未退之先。是奏報固屬遲延，辦理又形畏葸。且屢次夷人具稟，及吳熊光批示，并轟斃夷兵等事，俱未入奏，亦屬含糊。吳熊光由軍機章京，

皇考高宗純皇帝不次超擢，用至軍機大臣，後經朕

簡用，歷任三省總督，非與新進不曉事者

可比，乃種種錯謬，實屬辜負委任，前吳熊光已着革職，今着交軍機大臣會同刑部審訊，定議具奏。至孫玉庭前任廣東巡撫時，並不將前後情形據實陳定（奏）又不會同吳熊光迅速妥辦；懦弱無能，豈可復勝巡撫之任？孫玉庭即着革職回籍。所遺貴州巡撫員缺，着祁彭齡補授。伊現屆大祥，到任時已經服闋，其未到任以前，着章煦將雲南巡撫印務，交伯麟兼署。章煦即赴貴州署理巡撫事務。本年章煦已派視鶯屆期由黔赴京，若彼時祁彭齡尚未到任，着交藩司陳預暫行署理斯缺。欽此。

一六一頁

## 〈嘉慶十四年五月上諭（二）〉

十四年五月初一日，內閣奉

上諭，本日伯齡奏查明吳熊光辦理嘆咭唎夷船入澳門種種遲延畏葸，已降旨將吳熊光拿問，交軍機大臣會同刑部審訊定議具奏。孫玉庭着革職回籍矣。又據『吳熊光辦理英吉利夷船入澳門時，應付官兵鹽菜口糧船夫等項，用過銀三萬一千七百餘兩，爲數〈過〉多，恐有浮冒，請核定確數，着落繳賠』等語。此項靡用銀兩，着伯齡核定確數，再行具奏。其應賠若干，俟此間定案時，應即在吳熊光、孫玉庭二名下

一六二頁

卷下　二百三十五

分別賠繳，以示懲儆。欽此。

〈嘉慶十四年五月上諭（三）〉

十四年五月初七日，奉

十六三頁 上諭。着伯齡奏俟本年英吉利國貨船到時，先將偵探各情形，所見甚是。該夷人素性強橫奸詐，雖據夷商喇咈所稟夷兵不敢再來之語，亦未可深信。上年該夷兵來澳時，吳熊光等並不立行查辦，以〈前〉既失之於寬，此後自應〈……〉之〈以〉猛。着傳諭伯齡，於本年該國夷人到口時，先期留心偵辦，如再敢多帶夷兵陰圖進口，即行調集官兵相機堵

剿。倘只係貿易船隻，並投謝罪哀懇
稟件，亦應飭令停泊港外。該督一面奏
明，候朕降旨遵行。欽此。

一六四頁

# 達衷集

(鴉片戰爭前中英交涉史料)



中華民國二十年四月初版
每册定價大洋壹元貳角
外埠酌加運費匯費
編纂者 許地山
發行人 王雲五 上海寶山路五〇一號
印刷所 商務印書館 上海寶山路
發行所 商務印書館 上海及各埠

A COLLECTION OF LETTER WRITINGS, APPEALS AND ORDINANCES

BY HSÜ TI SHAN

PUBLISHED BY Y. W. WONG
1st ed., April, 1931
Price: $1.20, postage extra
THE COMMERCIAL PRESS, LTD., SHANGHAI



四二五自